•上海市高等教育学会一般课题项目"司法鉴定质量管理研究生课程研究"（项目批准号：GJEL1834）
•华东政法大学校级全英文课程建设项目"司法

U0456442

物证技术司法鉴定
质量管理实施规则研究
—— 以ISO/IEC 17025和相关国际标准为中心

关颖雄 ◆ 著

四川大学出版社

SICHUAN UNIVERSITY PRESS

图书在版编目（CIP）数据

物证技术司法鉴定质量管理实施规则研究 ： 以 ISO/
IEC 17025 和相关国际标准为中心 / 关颖雄著 ． 一 成都 ：
四川大学出版社，2022.10
　ISBN 978-7-5690-5711-9

　Ⅰ ． ①物… Ⅱ ． ①关… Ⅲ ． ①物证－司法鉴定－质量
管理体系－国际标准 Ⅳ ． ① D918.9-65

中国版本图书馆 CIP 数据核字（2022）第 184377 号

书　　名：物证技术司法鉴定质量管理实施规则研究——以 ISO/IEC 17025 和相关
　　　　　国际标准为中心
　　　　　Wuzheng Jishu Sifa Jianding Zhiliang Guanli Shishi Guize Yanjiu——Yi ISO/IEC 17025 he
　　　　　Xiangguan Guoji Biaozhun wei Zhongxin
著　　者：关颖雄

选题策划：梁　平
责任编辑：梁　平
责任校对：杨　果
装帧设计：璞信文化
责任印制：王　炜

出版发行：四川大学出版社有限责任公司
　　　　　地址：成都市一环路南一段 24 号（610065）
　　　　　电话：（028）85408311（发行部）、85400276（总编室）
　　　　　电子邮箱：scupress@vip.163.com
　　　　　网址：https://press.scu.edu.cn
印前制作：四川胜翔数码印务设计有限公司
印刷装订：四川省平轩印务有限公司

成品尺寸：170 mm×240 mm
印　　张：12.75
字　　数：243 千字

版　　次：2022 年 10 月 第 1 版
印　　次：2022 年 10 月 第 1 次印刷
定　　价：69.00 元

四川大学出版社
微信公众号

目　　录

导　言

习近平总书记指出，质量是人类生产生活的重要保障。人类社会发展历程中，每一次质量领域变革创新都促进了生产技术进步、增进了人民生活品质。[①] 在刑事侦查、司法审判的语境下，人们在对案件中的物证实施勘查、检验和鉴定时，不仅需要正确地处理人与自然的关系，还需要正确而妥善地处理人与人之间的关系，方能可靠、有效地实现既定的任务和目标。由此引申，可以认为，在一定程度上，人们对物证进行科学观察、诠释和应用的过程属于"人为构造"的过程——置身于人为设定的环境（包括组织环境），依靠并操作人为制造的仪器设备，根据人为界定的规程以及人为设定的方法/程序执行或实施各项具体活动，并且，最为关键的物证检验，鉴定结果的诠释、应用等活动同样需要由人来实施。影响物证勘查、检验和鉴定活动结果质量（即主要归纳为这些结果与预期用途之间的符合性）的因素，基本上均是与人的因素密切关联的。

美国物证技术学家柯克（Kirk）曾说过，物证不会出错，其本身也不会作伪证，更不存在缺席一说。仅仅在人们无法发现物证、未能正确地研究物证并理解物证时，物证本身的价值才会被有所减损。[②] 物证技术鉴定（以下简称物证鉴定）质量（品质）管理理念的提出及其制度的实现，反映了多年来人们对物证及其科学应用方面的规律性认识和经验教训，同时也体现了当下鲜明的时代特点。

物证鉴定领域质量管理的研究和实践涉及司法鉴定学、物证技术学、法学、管理学、计量学等关联学科和专业领域的问题，因此，需要以一定的相关背景知识为支撑。本书首先以物证鉴定质量管理的基本内涵探讨切入主题，结合物证勘查、检验和鉴定活动基本和共性方面的特点，着重在学理层

---

① 习近平向中国质量（杭州）大会致贺信 [N]. 人民日报，2021-09-17（001）.

② PAUL L KIRK. Crime Invesfigation [M]. 2nd ed. New York：Wiley，1974：2. 转引自 JIM FRASER, ROBIN WILLIAMS. Handbook of forensic science [M]. Oregon：Willan Publishing Ltd，2009：1.

面上具体讨论物证鉴定质量管理的相关制度和实践规则,并在讨论过程中融入了有关国家(地区)的一些基本情况介绍,以期为读者深入研究提供一些线索和参考。

第一章　物证鉴定质量管理相关理论概述

在我国，人们对"质量管理"这一概念的了解和关注，主要源自改革开放后借鉴域外发达国家科学管理经验的热潮之下，在国民经济和工业生产领域几个主要行业推行的"全面质量管理"（TQM）。20 世纪 80 年代末，国际标准化组织 ISO（International Organization for Standardization）颁布 ISO 9000 族标准后，各国合格评定机构采用该系列标准推行了相关认证项目，使得"质量管理""质量管理体系"以及"质量管理体系认证"为大众所熟知。

要理解物证鉴定质量管理的概念，除了关注其提出的历史背景和发展脉络外，更要注重对其内涵和精神实质的把握。显然地，我们不能认为，在没有形成物证鉴定质量管理的概念以前，是没有质量管理实践的。物证技术学领域内各分支专业的经典教科书、鉴定方法和程序要点（包括技术标准等），物证鉴定人之间"师徒式"的技术传承，来自不同系统的物证鉴定机构为刑事侦查、司法审判以及其他社会纠纷解决活动提供科技保障服务的实践过程等，无一不凝聚着本领域实践者对物证鉴定质量的理解和经验。

本章内容将从物证鉴定的质量内涵讨论入手，分析物证鉴定质量管理的概念及其制度依据，阐述物证鉴定质量体系的相关问题，为后续讨论奠定必要的理论基础。

第一节　关于物证鉴定质量的理论

在不同对象以及不同的语境下，人们对质量（quality）会作出不同的诠释。物证鉴定质量必须结合其应用语境方能被界定，不存在一个抽象的鉴定质量。当然，从"质量"一般定义切入并限定在司法应用这一主要场合和背景，讨论物证鉴定的具体内涵，则是可行的。

一、从"质量"的一般定义讨论物证鉴定质量的内涵

从"质量"一般化的定义看，质量概念的核心内涵，可被界定为客体的"一组固有特性满足要求的程度"[1]，其中，"固有"是指存在于客体中的，其对应的是"赋予"。[2] 因而，在刑事侦查和司法审判的语境下，我们可以认为，首先，物证鉴定活动的质量特性应当体现为：其显著地区别于单纯地运用常识对物证所进行的识别、鉴别和诠释活动，并反映客观检验的基本特性，同时具备科学方法和科学方法论在特定案件当中合理、正确运用的基本特征。其次，物证鉴定所需要满足的要求，是由其应用（适用）对象系统所界定的，目前看来，这主要可被归纳为"为案件事实认定"提供客观、准确的依据，"为实现司法公正"奠定客观基础。再次，需要注意"质量"一般定义中的另一个要素，即"程度"问题，这是我们在讨论物证鉴定质量时不应忽视的方面。

在观念上，人们可以采用将"程度"转换为"比值"的表达方式，也就是说，将物证鉴定"质量特性"与物证鉴定应用对象系统所需"满足要求"相比，从而定性地（也可以定量地）认识（和测量）鉴定的质量。例如，"90％的检案能够在规定时限内出具鉴定结果"，甚至是"99％的检案鉴定意见被采信"等，并认为这个机构或鉴定人的鉴定质量十分高。但是，我们在此所表达的是应自觉超越仅仅着眼于获得"正确"或令客户"满意"结果的狭义物证鉴定质量观的观点。获得"正确"结果，这当然是我们保障司法公正所必须具备的前提。但是，应当认识到正确结果有着"双面"意义。一方面，正确结果反映了客观事物运动的基本规律和事实发生、发展的客观过程，这是人们期待通过运用科学方法实施物证鉴定所获得的结果，其在总体上是可以达到但不是每次必然能够达到的；另一方面，这个所获得的"正确"结果同样需要使用方

---

① 参见《质量管理体系 基础和术语》（GB/T 19000—2008）条款 3.1.1 以及《质量管理体系基础和术语》（GB/T 19000—2008）条款 3.6.2。

② 参见《质量管理体系 基础和术语》（GB/T 19000—2016）条款 3.6.2 下注 2。

"正确"地加以理解和应用。不论是物证鉴定中的定量检测结果[①]还是同一认定型的比对鉴定结果（典型的，如笔迹鉴定中倾向认定或否定的鉴定意见等），均需要使用者正确地予以诠释。

综上，质量的影响已经超出了顾客满意的范畴，它也可以直接影响到组织的声誉。[②] 我们认为，物证鉴定的质量是物证鉴定质量管理的对象客体，而其本身是一个动态变化的范畴，不能够作简单化、片面化甚至庸俗化的理解。这当中必然涉及对于诸如何谓"科学"、何谓"科学鉴定"以及如何界定"科学鉴定与司法审判之间关系"等基本理论问题的哲学解释。显然，其已经超出了本书的讨论范围。但是，作为研究者和实践者，实在有必要时刻审视自身对于物证鉴定质量观点的认识，尤其是在开展物证鉴定质量管理实践时，如何正确理解和全面把握有关鉴定质量管理的基本规则和要求，并将鉴定实践和鉴定管理实践相互协调、互为支撑，防止造成鉴定和质量管理"两张皮"的现象，都需要以科学的理论和科学的鉴定质量观予以支撑。

二、从司法应用的角度探讨物证鉴定的质量

除了根据"质量"的一般定义讨论物证鉴定质量的内涵外，笔者认为，还应当围绕物证鉴定的主要应用场合——司法应用，具体地进行分析。从理论层面上看，当案件的事实认定过程中产生了专门问题的解决需求时，尽管大陆法系和普通法系采取了相对不同的解决思路和形式，但是，两者在审查鉴定意见/专家证言时所面临的问题确实具有较大共性，即两者均需要符合以下条件：

（1）案件事实认定者必须审查解决专门问题所使用的方法是否具备科学上的基础；

（2）解决专门问题的人员是否具有可靠性；

（3）鉴定专家的专业界限和范围是否已被合适理解；

---

① 例如，在美国西弗吉尼亚大学苏珊娜·贝尔（Suzanne Bell）教授所著的《法庭科学领域中的测量不确定度》当中，作者在提出"测量不确定度"概念时引用了一个毒品称重的假设例子，其很有代表性：假设在有关贩毒犯罪量刑指南中，"50g"是一个明显的量刑分界点，因而，在这种情况下，犯罪实验室化验员仅表述送检毒品净重量为"50.004g"的检验结论，这充其量是一幅不完整的"图画"（伴随称重活动的测量不确定度既可能是±0.010g，也可能是±0.001g），而在最坏程度上，这样的一个不完整的物证检验结果将会对司法审判造成误导并构成错误判决的根源之一。SUZANNE BELL. Measurement uncertainty in forensic science—a practical guide ［M］. Boca Raton：CRC Press，2017：1 —2.

② 参见《质量管理体系　基础和术语》（GB/T 19000—2016）条款 2.1。

（4）采集、分析证据材料所依赖的体系是否足以清晰地表明证据的连续性；

（5）这些鉴定意见/专家证言是否以事实认定者能够形成合适评价的方式作出的。[①]

可以说，上述 5 个方面共同构成了物证鉴定意见在司法应用过程中所应当具备的前提条件，也可以被视为物证鉴定质量特性的具体表现。

对此，笔者试作简要分析如下：

（一）物证鉴定方法的科学基础方面

物证鉴定的方法类型纵横交错，体系庞大。从应用目的看，物证鉴定方法分为种类鉴别和同一认定两大体系；从人、机结合度上看，其中既有主要依赖鉴定仪器设备检测能力的测试/试验方法，也有高度结合鉴定人专业判断能力的检查/检验；从适用场合看，其既有在犯罪现场上适用的方法，也有在实验室控制环境下适用的方法。总体上，物证鉴定方法的科学基础主要体现为其支撑科学的有效性和可靠性。物证鉴定方法的科学基础是鉴定质量内涵的重要方面，这需要充分依靠科学共同体的力量开展相关的科学研究，以及在方法使用前有充分可靠机制确保进行了方法的确认或验证。同时，相关的国家层面立法需要为保证鉴定方法科学有效和可靠奠定必要的法制基础。

（二）物证鉴定人员可靠性方面

物证鉴定人员，包括直接从事鉴定各环节操作的人员，也包括其工作结果会对鉴定结果带来影响的其他人员（如技术辅助和支援人员等）。除了法律规定的公正、诚实、独立、保密和职业道德（操守）的内容外，物证鉴定人员可靠的关键是其能力结构、评价和控制。另外，从司法应用角度观察，物证鉴定人的可靠性还应包括其实施勘查、检验分析和诠释活动的透明度要求，即其必须向法庭阐明其获得结果的基本过程，包括所依据的材料、实施活动的步骤、发现和诠释四个方面。特别地，当鉴定过程使用了新的方法和程序时，实现透明化有利于帮助事实认定者有效理解其科学可靠性和有效性。

---

① LOARD THOMAS C J. The legal framework for more robust forensic science evidence ［J/OL］. Philosophical transactions b, 2015, 370: 20140258 ［2022 - 02 - 20］. https://royalsocietypublishing. org/doi/10. 1098/rstb. 2014. 0258.

（三）物证鉴定人员专业范围方面

司法审判中与物证相关的需要通过鉴定解决的专门问题范围十分广，可以说，只要是与物证有关的问题，均有可能构成需要鉴定的专门问题。相对而言，物证鉴定专业人员所具备的专门知识、专门技能则可被视为一个固定的范围。因此，根据个案需要，物证鉴定专业人员有必要确认自身的专业范围是否能够覆盖所需解决的专门问题的范围。特别地，当两者之间存在明显联系时，在法律的框架下，从后者当中识别出其与前者的关联性，甚至能够做出合适和合理的转换，应当成为一种可能。对于实行普通法系的国家和地区，由于在大多数情况下，物证鉴定专家证言的可采性取决于案件事实认定者的司法审查，鉴定专家的专业范围与案件专门性问题范围之间的关系就显得十分重要了。

（四）物证鉴定材料方面

物证鉴定涵盖了对案件中物证所进行的勘查、检验、鉴识、比对和诠释活动。物证鉴定材料本身就是案件中的证据。保证物证鉴定材料具有连续性，能够确保司法活动对于证据的客观性要求获得满足，这也是物证发挥其证明力的客观基础。采集、分析物证鉴定材料所依赖的体系，主要是一个关于物证鉴定材料记录连续性的体系，在国外多被称为"证据监管记录链条"（chain-of-custody）。从犯罪现场勘查识别出物证后，即赋予其唯一性标识，并在鉴定实施过程中通过唯一性标识的记录证明其连续性，这能够表明鉴定结果所表明的对象确实是提取自该案件的现场，并且是具有客观性的。

（五）物证鉴定意见方面

物证鉴定意见是一种法定证据形式，其主要内容是对物证实施勘查、检验、鉴定活动中科学和技术方面的发现，并回答案件中专门问题的要求。在物证鉴定质量的视阈下，物证鉴定意见必须能够令使用者清晰理解，不应发生歧义甚至是误导。一方面，从物证鉴定意见制作角度看，鉴定意见报告需要有其内在的规范性、科学性和可读性；另一方面，从物证鉴定意见内容角度看，当中的关键发现、科学技术应用界限等内容，又需要以使用者能够合适评价的方式提出，这揭示了鉴定意见的社会交互功能，是其质量的应有内涵。

第二节　关于物证鉴定质量管理的理论

　　司法作为社会公平正义的最后一道防线，以正确适用法律为本质要求；而法律的正确适用又必须以准确的案件事实认定为客观依据。因此，司法鉴定是与司法审判中案件事实认定密切相关的专门问题解决活动，并且已经成为司法审判活动的一个重要保障系统。物证鉴定以各类涉及物证的专门问题解决过程为基本对象，这个过程必然是多环节的产物，一旦某些环节失控，如物证勘查或实验室检验过程中发生物证被污染或替换，其影响波及的范围极大，造成的损害程度很多时候是整个社会系统难以承受的。因此，我们有必要提出物证勘查、检验和鉴定过程的质量保证和控制的要求，实施物证鉴定的全面质量管理，促进这一过程的长期稳定。

一、从"质量管理"一般定义讨论物证鉴定质量管理的内涵

　　质量管理，即"关于质量的管理"[①]；概括而言，就是指为了令客体（即"可感知或可想象到的任何事物"[②]）的"一组固有特性满足要求的程度"得到实现而进行的"指挥和控制组织的协调活动"[③] 的总称。在产品生产领域推行质量管理过程中，人们逐渐认识到，质量管理不仅是要通过制度、机制、方法和技术将"废品"（"次品"）挑出来，更为重要的是应当运用现有管理资源来预防"废品"（"次品"）的产生和形成，并通过改进质量特性实现自身和有关方的价值。从"质量管理"一般定义入手，对于我们讨论物证鉴定质量管理的概念是有现实意义的。当前，在法庭科学/司法鉴定学科和物证技术专业的视野范围内，对质量管理相关问题的关注程度日渐增长，对鉴定质量管理的研究逐步从边缘走向中心。我国 2002 年颁布实施《认证认可条例》，2005 年全国人民代表大会常务委员会颁布施行《关于司法鉴定管理问题的决定》，这些规范将司法鉴定/法庭科学质量管理的有关方面提到了法制要求的基础层面上。我们认为，其中的直接动因在于我国全面深化改革和全面推进依法治国的实践

---

　　① 参见《质量管理体系　基础和术语》（GB/T 19000—2016）条款 3.3.4。
　　② 参见《质量管理体系　基础和术语》（GB/T 19000—2016）条款 3.6.1。
　　③ 参见《质量管理体系　基础和术语》（GB/T 19000—2016）条款 3.3.3。

在坚定不移地推进，人们通过开展鉴定质量方面的指挥、控制和组织等活动，用制度建设和思想建设的手段将"自律"和"他律"两方面有机地结合起来，使得与社会公平正义、社会公共安全密切相关的科学技术保障体系运作良好。对于物证鉴定领域的实践者而言，质量管理活动与其具体业务活动的关联越来越密切，不管是按照要求参加能力验证计划、接受继续教育培训，还是在勘验、检验和鉴定过程中对照标准操作规程进行操作等方面，均共同反映了这样一个基本事实：无质量管理的过程，便无现代的物证鉴定实践。

因此，可以认为，围绕物证鉴定满足司法、侦查、执法以及社会纠纷解决应用过程中对解决专门性问题和科技服务等方面的现实需求，在国家、地区以及各个组织等不同层面上所开展的质量方针和目标设定、质量策划，以及质量控制、质量保证和质量改进等活动，均可以被纳入物证鉴定质量管理的范畴。对于一个国家而言，其必须考虑建立并维持一套稳固的、符合预期用途的鉴定质量基础设施（quality infrastructures），以满足刑事司法、公共安全等相关领域对科技专业服务的需求；对于一个从事物证鉴定的机构而言，其必须努力建立并维持自身的一个质量体系（quality system），以覆盖影响鉴定质量的各种因素，包括管理、资源、过程和方法等方面，以期实现本机构设定的质量目标。前者应看作广义的鉴定质量管理，后者则可以相应地确立为狭义的鉴定质量管理概念。

与此同时，应当看到，这里所说的物证鉴定质量管理在实践过程中既坚持通行的质量管理基本理论，又注重将这些基本理论与物证鉴定领域的基本特点相结合；对于每一个组织而言，其既坚持物证鉴定质量管理的基本原则，又注重将这些基本原则与本组织的实际情况相结合。虽然不同组织的质量管理体系，通常看起来是由类似的过程所组成，但每个组织及其质量管理体系都是独特的。[①] 上述"两结合"的思路，是我们在理解物证鉴定质量管理概念时需要把握的另一个方面。

二、物证鉴定质量管理的对象和内容

尽管影响物证鉴定质量的因素在客观方面的反映和具体表现多样，但其大体上可以归入体系、资源、过程等范畴。或者按照鉴定质量管理领域的通行理

---

① 参见《质量管理体系　基础和术语》（GB/T 19000—2016）条款 2.4.1.2。

解，这些影响因素可分为"人""机""料""法""环"五个方面。[①] 因而，物证鉴定质量管理的主要对象和内容，主要就是针对上述提及的影响鉴定质量的各个方面，对照所提出的目标，运用管理资源进行指挥、控制和协调。其基本方面简述如下：

（一）物证鉴定人员的管理

在国家层面上，有关立法机构要结合国家战略和有关领域的现实需求，为物证鉴定人员资格准入、退出制定基本法律标准（例如年龄、学历资格、从业经历和良好品行要求等），通过设置行政许可等法律制度，控制作为自然人的具体人员从事鉴定工作，并维持人员结构的动态调整机制；地区层面上的执行规定（包括地方立法）要结合本区域实际情况，对人员的日常管理实施控制和监督；同时，广义的物证鉴定质量管理还需要考虑发挥专业团体、组织的作用，并将其纳入本国鉴定质量基础设施建设的范围内进行通盘考虑。

对物证鉴定机构而言，其主要是围绕当前和未来的实际业务预期和需求，结合质量目标，对照有关准则，建立岗位职责描述，界定岗位能力准则，设置培训项目和能力考核评价机制等，同时，需要以健全完善岗位授权作为配套制度，对人员实际从事勘查、检验和鉴定工作，开展质量管理工作等相关活动进行授权控制。对物证鉴定人员的指挥、控制和协调是质量管理工作的重点和关键，合适的人员管理模式和机制将有助于实现本机构的质量目标。而对物证鉴定人员进行管理所形成的记录，是对其进行监督控制的基本依据。

（二）物证鉴定设备/场所的管理

物证鉴定专业领域实践所应用的设备涵盖范围十分广，既包括复杂、精密的分析测试仪器，也包括结构相对简单的功能检查/检验和测量设备，以及各类型耗材、试剂等。目前，各鉴定机构普遍使用的实验室信息管理系统（LIMS）、犯罪现场勘查机构使用的记录测量系统等，也应归入物证鉴定设备的范围。物证鉴定设备首先应有安全可靠性，不应对物证造成污染，不应对人员造成伤害，并且能够对数据信息实施有效保护。有关标准能够为各类型物证鉴定设备的生产、测试、使用和维护提供基本准则，而鉴定机构除了应把好采购、验收和功能核查等基本关卡外，还应根据鉴定实际情况，编写有关程序、

---

① 沈敏，杜志淳. 论司法鉴定机构质量管理体系的建立和运行 [J]. 中国司法鉴定，2004（4）：21.

过程文件，包括标准操作规程、作业指导书等，以满足实际使用要求。对于涉及测量功能的设备，则应根据国家计量法制的基本要求进行校准，保证量值溯源性。

对物证鉴定设备所依托的物理空间及存放物证的物理空间进行的控制和协调活动属于场所管理的范畴。样品的完整性以及检测结果必然会受到物理性的检测环境中各个方面因素的影响。在法庭科学领域最为典型的例子，便是DNA证据和其他转移性的微量物证被污染，或者生物物证发生变质等，因而，需要进行证物的访问接触控制，使得证据不会由于人为的或意外的因素影响，减损其完整性。[①] 由此可见，对物证鉴定场所的管理，主要着眼于安全性，防止物证被盗、被污染以及变质，并适应法律对于物证"监管记录链条"的要求。开展上述质量活动所形成的记录文件能够成为确定物证鉴定设备是否可靠、有效运作的客观依据。

（三）对物证鉴定方法的管理

对物证鉴定方法（包括程序）进行管理，其任务主要是确保所用于勘查、检验和鉴定物证的方法，是科学上有效并且具有符合预期目的用途的特性。在国家层面上，与物证鉴定有关的法律主要是为鉴定所采用的方法次序确立基本规则要求，并且，一般要求实践活动中应当首先采用国际标准化组织（如ISO、IEC等）或本领域专业组织（如ASTM等）发布的标准方法和程序，以及刊载于同行评审（peer－review）专业期刊上的科学、技术方法和程序，或者是有关行业主管部门发布的规范。对于有关鉴定机构自行制定的方法和程序，其基本的管理要求是必须经过方法学上的确认和验证。另外，物证鉴定机构对方法的管理工作，主要是围绕方法和程序是否现行有效、是否具有科学上的有效性、是否能够满足物证勘查、检验和鉴定的预期用途等方面展开。方法确认和验证，能够保证物证鉴定过程的稳健性和可靠性，是物证鉴定机构开展质量管理活动的重要内容。物证勘查、检验和鉴定方法（程序）的确认同时涉及测量不确定度的评定问题。

（四）对物证鉴定科学应用过程的管理

法庭科学的应用过程是以犯罪现场勘查为开端的。国际实验室认可合作组

---

① ASHRAF MOZAYANI, CARLA NOZIGLIA. The forensic laboratory handbook procedures and practice ［M］. 2nd ed. New York：Humana Press，Springer，2010：353－354.

织（International Laboratory Accreditation Cooperation，ILAC）在其现行版本的指南文件《法庭科学过程中的模块》（*Modules in a forensic science process*）中从统合犯罪现场勘查和实验室检验、鉴定的角度出发，描述了法庭科学过程的一般内容，其主要包括：关于抵达犯罪现场的初步讨论，在犯罪现场上采取的初步行动，制定/确定犯罪现场勘查策略，评估犯罪现场勘验发现并考虑深入检验，诠释和报告犯罪现场勘验的发现，实施检验、检测和假定试验，诠释检验和检测结果以及根据检验、检测及其诠释制作报告等。[①] 因而，物证鉴定科学应用过程主要覆盖物证的现场勘查、实验室检验和鉴定两大领域，并主要表现为采集、分析、诠释、报告（包括物证鉴定人出庭作证）四个关键环节（模块）。物证鉴定科学应用过程是人员、设备、方法三者的综合应用，其中还包括了环境和材料方面的因素和影响，是物证鉴定质量管理的核心要素。对于这一要素的管理，主要是从输入和输出两个基本控制点着手，以质量准则和质量活动记录为依托。

（五）物证鉴定机构质量管理体系自身的完善

由于质量管理体系能够为组织"策划、完成、监视和改进质量管理活动的绩效提供框架"，因而，完善一个"准确地反映组织需求"[②] 的体系，对于保持组织"当前的绩效水平，对其内、外部条件的变化做出反应，并创造新的机会"[③]，都是十分必要的。物证鉴定机构质量管理体系涵盖与鉴定质量有关的管理和技术要素，其自身也处在不断完善的过程之中。在理论上，由于人们对物证鉴定及其质量管理活动中的规律性问题的认识在逐步加深，因此，物证鉴定机构开展质量管理活动所形成和依据的体系，总是从不完善到逐步改善，与机构自身的契合过程也在逐步深化。通过运用审核（包括定期的/不定期的以及内部的/外部的）方法，对所收集的客观证据，特别是对上述质量管理活动所形成的记录文件，对照质量管理计划和目标进行分析和评价，能够促进质量管理体系的不断完善。

---

① INTERNATIONAL LABORATORY ACCREDITATION COOPERATION. Modules in a forensic science process：ILAC-G 19：08/2014［EB/OL］. (2014—08—26)［2020—02—20］. http://ilac. org/?ddownload=805：1.
② 参见《质量管理体系　基础和术语》（GB/T 19000—2016）条款 2.4.2。
③ 参见《质量管理体系　基础和术语》（GB/T 19000—2016）条款 2.3.5.2。

三、物证鉴定质量管理的基础设施

从国外同行实践方面观察，目前，法庭科学领域宏观质量管理所依赖的基础设施（制度），主要是以"质量三角"理论模型为中心的制度体系，具体包括标准化（standardization）、认可（accreditation）、认证（certification）三个方面。因而，物证鉴定质量管理的基础设施，可以从物证鉴定机构认可、物证鉴定人员认证以及物证鉴定方法标准化三个角度展开。

（一）法庭科学"质量三角"模型理论

美国"法庭科学基金会"（Forensic Science Foundation）于 20 世纪 70 年代中期资助实施了一项为期 3 年的"能力验证"研究计划，该研究计划的参加者包括美国、加拿大两国合计 219 所犯罪实验室，并开展了 21 个专业项目的能力验证测试。通过该计划的实施，法庭科学领域中的专业组织和犯罪实验室均认识到有必要对法庭科学质量进行监督并实施质量控制。[①] 可以说，发端于 20 世纪 70 年代中期的"法庭科学质量运动"的基本成果，仍为今天的域外主要的法治国家（地区）法庭科学质量管理提供源源不断的思想和制度借鉴素材，并且以标准化、认可、认证为核心要素的法庭科学"质量三角"模型（the quality triangle）已经逐渐为人们所熟悉。质量、认可、认证、标准化之间的联系较以往任何时期都要紧密。从理论上看，法庭科学"质量三角"模型分别对应于法庭科学过程的方法、人员和机构（体系）三个基本要素（见图 1－1）[②]，沟通三者的主要措施是能力验证计划/实验室间比对。

[①] GERBEN BRUINSMA, DAVID WEISBURD. Encyclopedia of criminology and criminal justice [M]. New York: Springer Science+Business Media, 2014: 1775.

[②] RANDI J B, WILSON－WILDE L. Standard methods [M] // JAY SIEGEL, PEKKA SAUKKO. Encyclopedia of forensic sciences, 2nd ed, New York: Academic Press/Elsevier Ltd., 2013: 522－523.

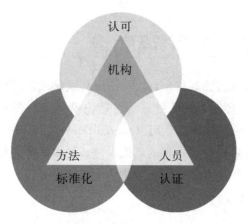

图 1-1　法庭科学过程与质量保证过程之间的关系（法庭科学"质量三角"）

从图 1-1 中可以看出：法庭科学实验室（机构）通过对照国际通行的准则和标准（标准化的成果）建立、运作自身的质量管理体系，并且，经过处于第三方地位的合格评定（国家）认可机构评审后获得认可，这正式表明了该实验室具有开展特定范围内检验/检测活动的技术能力；在技术层面上，相关准则规定，法庭科学实验室必须将检验/检测活动所使用的方法（程序）进行文件化（包括其适用的条件、操作规程等），同时，这些方法（程序）必须奠基于公开发表的经同行评审的研究（优先采用国际标准化组织发布的方法和程序），并且在实施前必须经过确认/验证；在人员层面上，法庭科学实验室必须确保其人员持续具备适应于已经被文件化的岗位职责所要求的能力后，才能被认为符合相关准则的基本要求。而认证制度的建立，将能够为人员能力的评价提供一定的客观依据，法庭科学从业人员获得有关专业组织、团体颁发的认证，是其持续具备能力的客观证明。

能力验证计划作为沟通标准化、认证、认可三者的措施，其理论依据在于：每个法庭科学实验室按照一定频次要求参加外部组织实施的能力验证计划结果，是其获得认可的必要条件；法庭科学实验室之间通过内部或外部组织实施的能力验证计划（含实验室间比对活动），其结果能够为有效协调法庭科学领域各种方法（程序）标准实施的一致性并为发现潜在的偏离提供客观依据；法庭科学从业人员成功完成能力验证计划的结果，将成为其持续具备能力的其中一方面的客观证明，这往往也是获得本领域相关专业组织、团体颁发认证的前提条件。

（二）物证鉴定质量管理对象与基础设施之间的关系

结合法庭科学"质量三角"模型理论的基本观点和前述物证鉴定质量管理的对象要素分析，笔者认为，从宏观物证鉴定质量管理概念出发，可将物证鉴定过程、物证鉴定质量管理对象要素以及物证鉴定质量管理基础设施之间的一般关系梳理为图1-2。

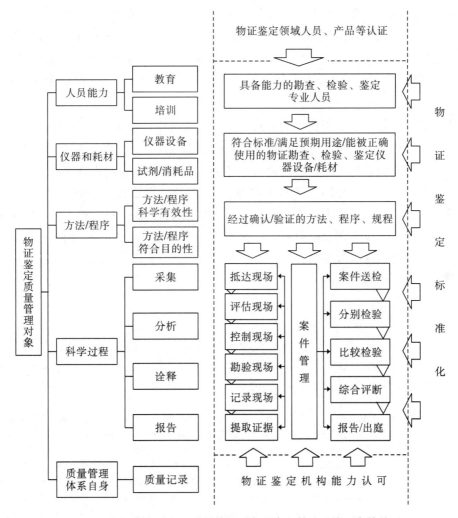

图1-2 物证鉴定过程、质量管理对象要素和基础设施三者的关系

首先，物证鉴定标准化工作任务主要是由各标准化组织承担，以制定、贯彻和修改涉及物证鉴定的术语、人员、设备、方法和过程的标准文件为中心，

通过构建完备的物证鉴定标准化体系，为本领域的认证、机构认可等相关活动奠定基本的技术依据和基础。例如，专业标准化组织"美国试验与材料协会"（American Society of Testing Materials，ASTM）下属技术委员会 E30（法庭科学）于 1970 年成立，发布了涉及物证鉴定领域的多项标准指引。[①] 又如，澳大利亚国家标准化组织"澳大利亚标准化协会"（SA）下属技术委员会 CH 041（法证分析）组织研制、起草了面向法庭科学全领域的 AS 5388《法证分析》标准族，并于 2012 年后由 SA 陆续批准发布，成为澳大利亚的国家标准。[②] 再如，国际标准化组织 ISO 法庭科学技术委员会（简称 ISO/TC 272），负责国际工作组协议（AWI），即 ISO/AWI 20962《法庭科学——词汇》以及 ISO/AWI 21043−1《法证分析　第 1 部分：识别、记录、采集和保存材料》等标准的研制工作。[③]

其次，物证鉴定领域的认证制度，主要是指由认证机构证明产品、服务、管理体系以及人员等符合相关规范的强制要求或标准的合格评定活动。当然，就目前情况看，物证勘查、检验和鉴定专业人员的认证主要由各类行业、专业组织实施。例如，美国"国际鉴识协会"（IAI）、物证技术学委员会（ABC）等组织能够为物证鉴定领域的专业人员提供不同类型的认证；澳大利亚在犯罪现场勘查、指纹鉴定和枪弹鉴定专业领域有国家层面的相对统一的专业人员认证项目，并由澳大利亚和新西兰国家法庭科学研究所（ANZPAA NIFS）下属

---

① ASTM. ASTM Committee E30 Subcommittees −Forensic science standards ［EB/OL］. ［2022−02−20］. https://www.astm.org/get−involved/technical−committees/committee−e30/subcommittee−e30.

② AS 5388 系列标准由 4 个部分组成。《法证分析　第 1 部分：识别、记录、提取、运输和保存材料》（AS 5388.1）和《法证分析　第 2 部分：分析和检验材料》（AS 5388.2）在 2012 年 5 月 2 日通过 SA 批准程序，并于同月 31 日正式发布；《法证分析　第 3 部分：诠释》（AS 5388.3）和《法证分析　第 4 部分：报告》（AS 5388.4）在 2013 年 3 月 25 日通过 SA 批准，并于当年 5 月 2 日正式发布。关于 AS 5388 标准族的研制过程的相关讨论，可参见 JAMES ROBERTSON，KARL KENT，LINZI WILSON−WILDE. The development of a core forensic standards framework for Australia ［J］. Forensic science policy and management：an international journal，2013（3−4）：59−67. 对 AS 5388 标准族的初步研究，可参见关颖雄. 澳大利亚法庭科学系列标准 AS 5388 的研究 ［J］. 中国标准化，2017（19）：129−139.

③ LINZI M WILSON−WILDE，JAMES BRANDI，STEPHEN J GUTOWSKI. The future of forensic science standards ［J］. Forensic science international：genetics supplement series，2011（3）：334.

的澳大利亚法证现场科学认证委员会（AFFSAB）组织实施。①

再次，物证鉴定领域的认可制度，即由国家授权的权威机构对有能力执行特定领域范围技术任务的物证鉴定机构所给予正式的承认。例如，目前，物证鉴定机构能力认可的准则主要是基于 ISO/IEC 17020《各类检验机构通用能力要求》和 ISO/IEC 17025《检测和校准实验室通用能力要求》两个国际标准而建立的认可准则体系，包括上述基本准则和不同具体子领域专业特点的认可应用准则等。

物证鉴定标准化、认证、认可基本覆盖了物证鉴定质量管理的对象，其三者之间的协调程度反映了一国司法鉴定/法庭科学的综合实力。

第三节　关于物证鉴定质量管理体系的理论

上文讨论物证鉴定质量管理的概念时，笔者曾经提及，在法庭科学领域的物证勘查、检验和鉴定的相关过程中，影响质量的各方面因素必然会以系统方式对这些活动产生作用。因此，从狭义物证鉴定质量管理概念层面看，各个物证鉴定机构必须按照系统的基本观点和要求，建立一套能够覆盖本机构所从事的物证勘查、检验和鉴定活动的质量管理体系，并将其与组织管理体系的其他方面协调起来，以期通过实施鉴定质量管理更好地满足司法、执法活动中对科学技术支持服务的需求。因此，从质量管理体系的角度理解物证鉴定质量管理的概念是十分必要的。

一、物证鉴定质量管理体系的构成

（一）质量管理体系相关理论概要

体系，即系统，一般是指相互关联或相互作用的一组要素；管理体系，则是指组织建立方针和目标以及实现这些目标的过程中相互关联或相互作用的一

---

① AUSTRALASIAN FORENSIC FIELD SCIENCES ACCREDITATION BOARD. Policy and processes for accreditation [EB/OL]. (2021−11−30) [2022−02−20]. https://www.anzpaa.org.au/ArticleDocuments/508/AFSAB％20Policy％20and％20Processes％20for％20Certification％20November％202021％20v6.0.pdf.aspx.

组要素；质量管理体系，相应地，就是管理体系中关于质量的部分。① 质量管理理论研究指出，人类质量管理活动源远流长，但现代意义上的质量管理被认为是发端于 20 世纪初 F. W. 泰勒所提出的科学管理理论，并且，可根据人们对质量问题的认识和解决问题方式的不同，相应地将质量管理活动划分为质量检验（QC）阶段、统计质量控制（SQC）阶段以及自 20 世纪 60 年代初开始一直延续至今的全面质量管理（TQM）阶段。其体现了从单一、事后的质量管理模式到全面、系统且基于风险思维的质量管理模式。②

体系的基本原理表明，一方面，组织的质量管理应当以体系的所有要素为基本对象，即强调整个体系始终是由组织结构、程序、过程和资源等方面以及人、机、料、法、环等各要素构成的相互联系、相互制约的一个有机整体；在实践过程中，组织应积极协调各个部门、各类要素以及各个管理体系之间的"接口"，以期发挥组织管理体系的整体效能。③ 另一方面，组织在确立质量管理体系时，有必要主动应用过程方法，将活动作为相互关联的功能连贯过程④进行系统管理，提高质量管理体系的有效性和效率；应当充分运用 PDCA 循环⑤思维，梳理并确定组织的质量管理体系所需的过程（例如，可以将过程分为顾客导向过程、支持过程和管理过程等），以及其在整个组织内的应用。⑥

---

① 全国质量管理和质量保证标准化技术委员会. 质量管理体系 基础和术语：GB/T 19000—2016/ISO 9000：2015 ［S］. 北京：中国标准出版社，2017：13—14.

② 中国质量协会. GB/T 19001—2016 质量管理体系标准实用教程 ［M］. 北京：中国质检出版社，2017：23—24.

③ 例如，组织在理论上应当只有一个管理体系（系统），其他如质量、环境、职业健康安全、人力资源、设计开发、财务、计量、能源等诸多有形或无形的管理体系，均应是其中的一个子系统，即均属于组织管理体系的有机组成部分。

④ "过程"在《质量管理体系 基础和术语》（GB/T 19000—2016）中被界定为"利用输入提供预期结果的相互关联或相互作用的一组活动"。参见《质量管理体系 基础和术语》（GB/T 19000—2016）条款 3.4.1。

⑤ PDCA 是英文单词策划（Plan）、实施（Do）、检查（Check）和处置（Act）的第一个字母的合写；"PDCA 循环"又称为"戴明环"，其属于管理学中的一个通用模型，最早由 W. A. 休哈特（W. A. Shewhart）于 1930 年提出构想，后被美国质量管理专家 W. E. 戴明（W. E. Deming）博士于 20 世纪 50 年代再度挖掘并加以广泛宣传和运用于持续改善产品质量的过程实践；"PDCA 循环"反映了开展质量管理的顺序并循环提升的科学程序。

⑥ 《质量管理体系 要求》（GB/T 19001—2016）条款 4.4.1 指出，组织为应用过程方法实施质量管理，其应当做到：（1）确定这些过程所需要的输入和期望的输出；（2）确定这些过程的顺序和相互作用；（3）确定和应用所需的准则和方法（包括监视、测量和相关绩效指标），以确保这些过程的运行和有效控制；（4）确定并确保获得这些过程所需的资源；（5）规定与这些过程相关的责任和权限；（6）按照要求应对风险和机遇；（7）评价这些过程，实施所需的变更，以确保实现这些过程的预期结果；（8）改进过程和质量管理体系。

此外，需要认识到，组织质量管理体系的范围可能包括整个组织、组织的某项特别的职能、组织的某个特别的部门、组织的单一职能或跨职能团队，这取决于组织的具体需求，并且会根据自身所面临的内外部环境、相关方的需求和期望以及组织的产品和服务等方面进行综合确定，即组织质量管理体系存在动态调整的可能性。

（二）物证鉴定质量管理体系的构成

法庭科学/司法鉴定质量管理理论研究指出，机构的组织性质、管理水平、技术能力是保证鉴定结果合法、公正、客观以及证明效力的充分要素。[①] 物证鉴定质量管理体系是司法鉴定/法庭科学质量管理的一个子系统，具备母系统的基本构成特征。在构成方面，其同样由组织结构、程序、过程以及资源等要素组成。笔者认为，关于物证鉴定质量管理体系的构成，从理论上可作如下理解：

首先，在组织结构方面，物证鉴定机构需要考虑自身组织性质和所采取的组织结构形式，包括管理层次、集权程度、分工形式、区域分布、专业化程度、规范化程度和人员结构等方面。当然，目前看来，物证鉴定机构往往都是一个母体组织的一个部分，如警务部门、高等院校、行业组织等，其必然要受到母体组织的直接影响。因此，按照质量管理体系通行准则的组织要求，物证鉴定机构必须确保组织内与质量有关的所有职能部门人员都应赋予相应的职责、权限并明确其相互关系，做到职权明确、关系顺畅、各负其责，积极达成组织的质量目标的实现。

其次，在程序方面，由于程序在体系中占有重要的位置，组织的各项活动的质量必然是通过规范各项活动所采用的途径、方法来实现的，而这些途径和方法必须予以文件化即运用程序文件对各种质量活动过程进行全面、合理、正确的描述和规定。

再次，在过程方面，一般而言，物证鉴定报告形成的全过程包含一系列相关的质量活动子过程，主要体现为附加在物证的"采集""分析""诠释"和"报告"四大模块上的相关质量活动。

最后，在资源方面，物证鉴定机构的质量管理体系要求人们能够及时识别过程运行所需要的资源需求，合理安排并配置确保质量管理体系有效运行所需

---

① 沈敏，杜志淳. 论司法鉴定机构质量管理体系的建立和运行 [J]. 中国司法鉴定，2004（4）：20.

要的资源，包括人力资源、基础设施①、过程运行环境（社会因素、心理因素和物理因素）、监视和测量（主要是指用于相关专业服务活动的表现是否符合预设质量要求的）资源，以及原材料等资源。同时，物证鉴定机构特别需要充分结合考虑现有内部资源的能力和局限，以及需要从外部供方获得的资源（包括如何获得这些资源等）。

（三）物证鉴定质量管理体系构成的适宜性和有效性

新版 ISO 9001《质量管理体系　要求》标准增加了两个与组织环境相关的新章节，即"4.1　理解组织及其环境"和"4.2　理解相关方的需求和期望"，反映出其对内外部环境因素的重视。通过理解组织的内外部环境因素，并识别相关方的需求和期望，能够使得质量管理体系的构成更具有适宜性和有效性。

不同类型的物证鉴定机构必然有不同的性质定位和业务结构特点。例如，对于某些隶属于警务、执法机关的具有从事物证技术学科全领域的相关勘查、检验、鉴定专业能力的机构，由于在技术能力覆盖范围上较为全面，其在定位上可能会侧重于重大社会影响和疑难案件物证鉴定问题的解决、物证鉴定先进技术研发以及相关领域的国际（跨区域）合作/协作等；并且一般不应承担向社会提供服务的任务。对于某些隶属于高等院校的具有从事物证类相关检验、鉴定专业能力的机构，由于承担着"培养人"和"做学问"两项主要职责，其在定位上要综合考虑如何协调高等教育教学活动、科研活动、社会服务以及文化传承等基本职能的实现，平衡好鉴定、教学、科研三者的关系。对于某些商业化运营的私营物证鉴定专业服务供应商，由于提供物证鉴定相关专业服务是其主业，需要根据预设的服务对象群体，努力提供差异化的专业服务解决方案；同时，也要注重应用研发，以期形成自身的专业服务优势。

可见，三种典型的物证鉴定机构所建立的质量管理体系必然有着不同的构成特点。也就是说，不同的质量管理体系构成正是其所处的内部环境、外部相关方需求和期望之差异的集中反映，人们有必要重点关注影响组织目标实现和质量管理体系预期输出结果的能力的因素。鉴定机构的质量体系不一定要十分复杂，但一定要具备适用性和有效性，否则，极容易造成质量管理体系运行出现"两张皮"的消极现象，不但浪费宝贵的管理资源，错失持续提升机构成熟

---

① 按照《质量管理体系　要求》（GB/T 19001—2016）条款 7.1.3 的注释，基础设施可包括建筑物和相关设施、设备（包括硬件和软件）、运输资源、信息和通信技术等。

度水平的机会，更无法从外部环境所蕴含的风险中识别出实现组织创新和可持续发展的积极因素。这是从体系的角度理解物证鉴定质量、物证鉴定质量管理的基本概念时所必须确立的另一个基本观点。

二、物证鉴定质量管理体系的建立、运作和完善

采用质量管理体系是组织的一项战略决策，其在最低程度上，是为了稳定提供满足顾客要求以及适用法律法规要求的产品和服务的能力；而在战略目标的层面上，更多的是涉及提高满意度、应对竞争方面的考虑，即着眼于实现组织的持续成功。近十余年以来，我国司法鉴定/法庭科学领域稳步推进质量管理体系的建设，并取得了显著成效，不少从事物证检验、鉴定的专业机构在质量管理方面形成了许多有益经验。在认可方面，我国合格评定国家认可机构——中国合格评定国家认可委员会（China National Accreditation Service for Conformity Assessment，CNAS）综合 ISO/IEC 17020 和 ISO/IEC 17025 等国际通行标准要求[①]、国际实验室认可合作组织 ILAC−G 19 指南文件的基本内容、法庭科学/司法鉴定活动的基本特点而编制发布了 CNAS−CL 08《司法鉴定/法庭科学机构能力认可准则》及其相关专业领域认可的应用说明。[②]这反映了我们对于国际通行标准的独特理解。

物证鉴定质量管理体系的建立，可依据上述基本准则和相关专业领域的认可应用准则，综合自身从事业务活动的特点、内外部资源、环境以及风险因素方面而进行考虑。一般而言，物证鉴定机构按照通行国际标准建立质量管理体系，就意味着该机构在质量方面的相关指挥和控制活动逐步走向正规化。这一过程大体包括质量管理体系的策划与准备、质量管理体系文件的编制和宣贯、质量管理体系的运行与完善等基本步骤。

（一）物证鉴定质量管理体系的策划与准备

从学理层面上看，质量管理体系的策划与建立一般应围绕着"增强顾客满意"这一基本质量目标而展开，从而识别确定所需的过程。一方面，不同类型

---

① 应当指出，ISO/IEC 17025 已包含了 ISO 9001 中与实验室管理体系所覆盖的检测和校准服务有关的所有要求，而 ISO/IEC 17020 在"管理体系要求"中引入了 GB/T 19001 对管理体系的要求。

② 目前 CNAS 制定颁布了物证技术学领域中的文书鉴定、痕迹鉴定、微量物证鉴定、电子物证鉴定、声像资料鉴定等 5 个子领域的应用说明文件（其被称为认可的应用准则），其整体文件框架设计具有一定特色。

行业组织所采用的保证质量的技术手段和措施"各有千秋",组织自身的业务、文化、技术和资源等客观条件在确保产品符合要求,增强顾客满意度方面所采用的过程也不尽相同。另一方面,从共性的层面上,其必然涉及取得领导重视、建立健全组织机构和管理职责、对顾客的要求进行深度分析、进行适宜生产过程控制、设备维护及对不合格品进行控制等具体因素。

　　物证鉴定机构质量管理体系的策划与准备阶段所需要经历的具体流程包括策划和动员、组织安排、制订计划、人员培训、制定质量方针和质量目标、质量管理体系过程识别、质量管理体系文件化等。

　　1. 策划与动员方面的内容概要

　　通常而言,必须首先使得本机构的最高管理者充分认识和高度重视质量管理体系建立的意义。最高管理者应以实现顾客满意为目标(实现司法公正和效率等),作出建立和改进质量管理体系的承诺,并应提出目标,落实职能,提供资源,发动参与,检查绩效和组织改进;机构的管理层必须"大张旗鼓"、坚定不移地宣传质量管理体系标准/准则贯彻的重大意义,亲自主持关键活动,以身作则,激发全体人员投入质量管理体系的宣贯中。

　　2. 组织安排及制订工作计划方面的内容概要

　　首先,应成立领导小组并建立工作机构,任命管理者代表或分管领导,搭建好建立质量管理体系的基本班子和工作力量;其次,制订具体的工作计划,明确目标,落实责任,突出重点,控制进度,使得各个阶段的工作内容、具体要求、责任部门人员以及计划完成时间等方面都是明确和清晰的。

　　3. 人员培训方面的内容概要

　　培训内容主要包括质量意识的培训、质量管理体系相关标准和准则(如CNAS-CL 08 认可基本准则等)的培训、文件编写培训、内审员培训、体系文件贯彻的培训、适应岗位能力要求的培训等 6 个具体方面,并且在文件化的体系建立前主要做好前 4 个方面的培训,在实施体系文件和体系运行后主要做好后 2 项培训。各方面的培训具有不同的针对性,例如,对于全体人员,应通过质量意识的培训,使其满足标准对质量意识的要求[①];而对于中层以上领

---

　　① 包括《司法鉴定/法庭科学机构能力认可准则》(CNAS-CL 08:2013)"通用要求"中的公正性、保密性和独立性条款的内容,分别参见条款 3.1、条款 3.2 以及条款 3.3。

导、主要岗位人员、文件编写人员以及内审员所进行的标准和文件编写方面的培训，必须考虑其实际工作需求，要强化对标准的培训，包括条款内容、目的和意图、理解与实施要点等。①

4. 制定质量方针和质量目标方面的内容概要

制定质量方针时，应充分收集或关注相关信息②，明确其基本内容③，同时，要避免陷入最高管理者不亲自主持、没有充分发动全体员工参与以及缺乏组织特点提炼、指导功能弱化等误区。质量目标以质量方针为框架依据，各种类型的质量目标不得与质量方针违背或抵触。除此以外，还应当考虑上一级的质量目标、存在的问题关注点、现状、现有的业绩、所有相关方的满意程度、产品的关键质量特性④、所关注的改进等内容。质量目标的一般内容要反映合规性、符合预期目的性、与质量方针框架的对应性，以及可追求性（稳定和增强）等，并要在制定时避免走入"好高骛远""随手可得"的误区。质量目标应同时在各相关职能部门展开，并考虑制定每个层次目标的相应指标与保证措施（定性的和/或定量的），实现其可检查和评价性。

5. 质量管理过程识别与确定方面的内容概要

过程识别的任务，在于系统地识别和确定组织为实现质量目标所需要的过程（包括其中的子过程和活动），并在此基础上，合理而科学地明确这些过程的顺序、接口和相互关系。⑤ 过程识别应重点着眼于组织管理的薄弱环节以及

---

① 笔者认为，对于这一方面，结合当前我国物证技术学相关专业教育教学的现状而言，由于较为缺乏标准化方面的教育，从业人员在标准化理论方面的基础较为薄弱。因此，必须十分重视对人员进行标准培训和文件编写的培训。

② 制定质量方针时需要收集或关注的信息主要包括：（1）顾客的需求和期望；（2）组织的宗旨和总体运营战略等内容；（3）现有关于质量的声明和承诺；（4）和质量有关的法律、法规、质量标准；（5）组织过去和现在的质量管理绩效；（6）内外相关方（包括员工、供方、其他外部人员）有关质量的观点和要求；（7）其他同行业组织的质量方针实例等。

③ 质量方针的具体内容需考虑：（1）组织如何贯彻质量管理原则；（2）组织质量方针如何适应总的宗旨；（3）组织在产品方面追求达到什么水平，如国际的、国内的或行业的；（4）在满足顾客要求方面要做出哪些承诺；（5）在持续改进方面要作出哪些承诺；（6）组织的价值观和文化特点如何体现等。也可参见《司法鉴定/法庭科学机构能力认可准则》（CNAS-CL 08：2013）条款4.2.2。

④ 例如，涉及长度、重量等量值进行测量的检验、鉴定项目，必须保证测量结果的溯源性，并按规定对测量不确定度进行评定和表述；对于同一认定定型的检验、鉴定项目，必须论证充分、图表特征标识清晰详尽，并具有可读性等。

⑤ 例如，应当明确：谁是过程的顾客，这些顾客的要求是什么，谁为本过程提供输入产品（相当于供方），对供方的要求是什么，输出是什么，过程控制的准则是什么等。

目前未涉及但与组织的责任或满足顾客要求的能力有关的过程上①，同时，跨部门的过程也是过程识别的重点。② 此外，过程识别应当以组织原有过程为基础，不是将所有过程推倒重建，而是对照标准/准则的要求，对原有的这些过程中不够完善、不够系统的加以完善，决定应保留、完善和增加的过程。

6. 确定组织机构及明确管理职能方面的内容概要

应当明确在分配职能和编写程序文件之前，必须先分析职能和确定机构，并且一般通过组织机构图的方式反映组织机构的隶属关系。③ 要明确最高管理层和各个职能部门的职责、权限和沟通方式，并且有必要让该组织内的每一个员工都按其岗位被赋予相应的职责和权限。④ 在过程识别的基础上，明确每个过程（包括子过程）的归口管理部门。

7. 质量管理体系文件化方面的内容概要

（1）总体要求。

首先，必须明确编写文件不是目的。质量管理体系文件描述了组织的质量管理体系的范围、原则和主要活动，其作用是沟通组织的意图、统一思想和行动，并有助于满足顾客要求和改进质量，有助于为员工提供适宜的培训，有助于保证重复性和可追溯性，提供产品符合要求、管理过程规范的客观证据，并有助于评价质量管理体系的有效性和持续适宜性。

其次，组织应当秉持适合组织的特点以及与其他文件有机结合的基本原则，决定应当编制哪些质量管理体系文件。⑤ 例如，我国香港特别行政区政府化验所法证事务部文件鉴辨组主任李志强（Chi－Keung Li）博士等论者在有关期刊论文中介绍了依据 ISO/IEC 17025 建立的物证鉴定（可疑文件检验专业分支领域）质量保证体系文件总体框架（如图 1－3 所示），其具有直接的参

---

① 例如，有关机构对电子数据（电子物证）证据监管记录链的建立和维持能力，保证物证保管过程中不受污染等影响的程序等。

② 例如，运用物证鉴定情报（法证情报）需要涉及鉴定和刑事情报部门之间的跨部门协作程序。

③ 参见《司法鉴定/法庭科学机构能力认可准则》（CNAS－CL 08：2013）条款 4.1.6 （b）。

④ 参见《司法鉴定/法庭科学机构能力认可准则》（CNAS－CL 08：2013）条款 4.1.6 （a）。

⑤ 现行版本 GB/T 19001 大幅度地去掉了强制性的文件形式要求，将自由度留给组织自身。一般要求形成质量方针、质量目标、质量手册、管理程序、作业指导书等不同层次级别的文件。这是我们在实践中需要注意的方面。

考意义。①

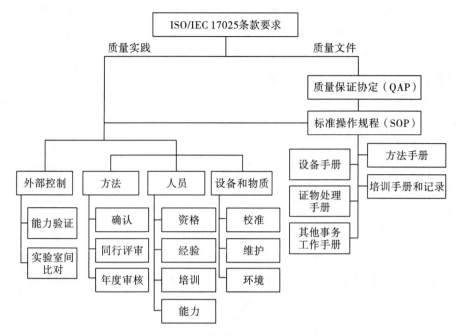

图 1-3 **质量管理体系文件框架**

（2）质量手册。

质量手册（quality manual）是描述质量管理体系的基本文件，是与质量有关的所有工作的系统化的描述。质量手册编制的必要性在于质量体系需要一个整体描述框架，以体现各种相互作用的管理活动之间的关系，并且也反映将其作为一种证据对外展示的需要。质量手册通常采用的结构形式和内容包括：手册目录，评审、批准和修订状态标识，术语和定义，组织概况，质量方针目标，质量管理体系覆盖的范围，组织结构、职责和权限，质量管理体系描述，以及支持性文件附录。物证鉴定机构的质量手册还应当按照认可基本准则要求具备有关的补充内容。②

（3）程序文件（成文信息）。

程序，即为完成某项活动或过程所规定的途径。当程序形成文件时，其通

---

① CHI-KEUNG LI, YIU-CHUNG WONG. Implementation of quality assurance system to enhance reliability in Chinese handwriting examination [J]. Accreditation and quality assurance, 2014 (19)：161.

② 参见《司法鉴定/法庭科学机构能力认可准则》（CNAS-CL 08：2013）条款 4.2.2。

常被称为"书面程序"或"形成文件的程序"，包含程序的文件也就被称作程序文件。[①] 另外，形成文件的程序可以引用规定如何实施某项活动的作业指导书。两者之间的区别主要体现在：文件化程序通常描述的是跨部门的活动，而作业指导书则常用于某一职能部门内部的活动描述。程序文件结构或格式通常包括封面标题、目的、范围、职责和权限、工作程序[②]、引用和相关文件记录、附录等。编写程序文件应当以业务过程而非标准为主线，并且同样应以机构原有文件为基础而非全部重新编写。

（4）作业指导书。

作业指导书是指导一个具体过程或活动如何实施的文件，属于程序文件的细化和补充，具有较强的实践导向性，并主要用于阐明具体的工作方法和要求，往往会涉及技术性的细节。作业指导书所针对的对象是具体的作业活动，一般不涉及管理职能。作业指导书的格式可以比程序文件简单，但在描述工作程序，特别是如何做（How）的时候，则一定要写得足够清楚，使有关人员按照文件规定操作便可顺利完成作业任务。作业指导书的一般内容包括：标题、适用范围、文件标识、批准生效日期等，作业资源条件，作业应达到的标准，作业方法与步骤，注意事项和管理要点，安全、环保要求，以及应急准备与响应等。

（5）记录表单。

记录，是指阐明所取得的结果或提供所完成活动的证据的文件。记录表单则属于一种特殊的文件，具有严谨、直观、便于操作和保存的特点，并可被归入作业指导书中。记录表单规定了要填写的项目，也对操作提出了要求，其被实施后，形成记录。物证鉴定中典型的记录表单有各类检验记录表等，设计一般应与其相关的文件同时进行编制，使得记录与相关文件保持协调一致、接口清楚。

（二）物证鉴定质量管理体系的实施与保持

质量管理体系文件化后，相关文件经过批准发布，整个体系即将开始运

[①]　应当指出，现行版本的质量管理体系术语标准取消了"程序文件"的概念，而将其变成更加具有概括性的"成文信息"。这表明所谓的程序文件已不是一个固定名称，包含质量管理的这类文件将根据其内容由组织自行确定具体称谓。

[②]　工作程序基本按照工作流程逐项展开，既可以采用流程图的形式，也可用文本描述过程。不论何种形式，对活动和过程的描述一般应当满足 5W1H 的要求，即确定要做什么（What），为什么要做（Why），明确各项活动/过程的执行者（Who），规定各项活动的时间（When），在什么地方做（Where），规定活动实施的具体办法（How）；并引出具体的作业指导书，描述过程控制和对识别出的活动的控制，必要时注明可能的例外或特殊情况及相应的控制措施等。

作。而运作之前需要有一个准备过程，包括组织实施与体系相关的培训以及配备体系运作所需要的资源。此处所指的质量管理体系的运行，主要是指按照新的政策形成新的管理制度、程序等，并开始投入运行。

1. 物证鉴定质量管理体系运行前的准备

第一，必须重视体系运行前的相关培训。不同于策划阶段所实施的培训，在体系运作前进行的培训，其目的和必要性首先体现为使全体人员知道机构的质量方针、目标是什么，自己该做什么，如何做以及要达到什么要求，什么时间需填写什么记录或其他客观证据，以及清楚违反规定会造成什么后果，从而提高严格执行机构自身所制定、颁布文件的自觉性。如果机构不注重本阶段的培训工作，极容易造成人员不能严格执行文件规定的现象。另外，通过培训，最高管理者应充分表明在质量管理方面的定位、原则，以及在全组织内统一对待质量的态度。[①] 培训活动同样需要按照分层分类的原则实施，并根据组织的规模、类型、大小等情况，进行相应培训策划。

第二，应注意所需资源的配备。在体系运作前，应当检查和落实资源方面的配备，如体系文件是否按照程序规定发放到位，人力资源配备是否能够胜任相关岗位职责要求，设施、设备能力是否满足过程要求，工作环境是否满足要求等。通过检查发现资源配备尚有不足时，应积极采取措施，及时改进。例如，检验、鉴定方法标准的查新不及时，仪器设备校准不符合要求等，可指定改进措施及完成期限，通过运行促进改进和完善。

2. 物证鉴定质量管理体系运行控制

从共性的角度看，所有组织在运行质量管理体系后，首先，需要重点做好有针对性地宣贯本组织的质量管理体系相关要求，反复实践和磨合调整，认真对待体系运行中暴露出的问题（如不重视、不能严格执行以及没有效果等典型、常见问题）并实施改进。其次，组织要注意对体系本身与相关标准/准则之间的符合性、有效性方面进行监控，收集客观证据，这既是促进体系完善的客观要求，也是为后续参加外部评审奠定基础。再次，组织的质量体系正式运

---

① 尤其是管理层相关人员应当通过培训的实施过程，与本机构的人员对一些与质量相关的敏感话题，如质量与成本的关系、质量与进度的关系、质量意识如何提升、如何满足顾客需求和开展关系管理等开展讨论，以期充分达成共识，这有利于质量管理体系的运行。例如，鉴定机构应就如何对待送检人员提出的要求、如何认识涉及专业判断鉴定项目的纠纷解决、鉴定人执业伦理道德规范等问题进行讨论，这有利于贯彻本机构的质量方针和实现质量目标。

行时，应当特别注重运行控制，即根据体系策划的要求，按照 PDCA 思维模式运行，做好三级监测，即对过程的监视和测量（单一过程要素及其监测的一般机制如图 1-4 所示）、内部审核以及管理评审。[①] 最后，还应当注意针对体系运行过程中内部和外部环境的变化，及时进行调整，并保证体系的完整性。

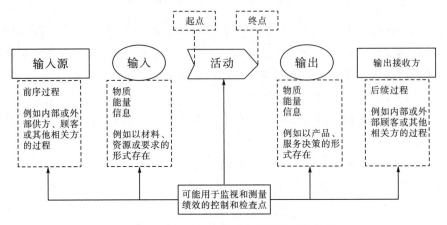

图 1-4　单一过程要素及其监测的一般机制

物证鉴定机构在建立并运行质量管理体系后，在对涉及物证勘查、检验、鉴定结果有显著影响的过程进行识别的基础上，应用过程监视和测量的一般机制，综合实施个别访谈、检查和评审相关记录、观察和目击见证等活动，以期收集客观证据，以支持其他监测活动的开展。此外，在对过程进行监测时，通常会识别出不符合工作项（ISO/IEC 17025 条款 4.9 将其称为 non-conforming testing）。

所谓的不符合，是指机构的管理或技术活动不满足要求。这里所指的要求，既包括质量管理体系建立和运行所依据的标准/准则（如 CNAS-CL 08 等），也包括鉴定自身管理体系中的要求（如质量手册、程序方面的成文信息、作业指导书等），相应鉴定方法及技术规范中规定的要求，以及国家、司法鉴定行业等有关法律、法规要求。[②] 例如，机构在某次物证鉴定实验室间比对活动或能力验证计划中取得了非预期结果（如不通过、通过等），发生了非经授权人员接触限制/受控制区域或信息事件，物证被丢失或受到污染，设备不及

---

　　① 中国质量协会. GB/T 19001—2016 质量管理体系标准实用教程［M］. 北京：中国质检出版社，2017：32.
　　② 中国合格评定国家认可委员会. 司法鉴定/法庭科学机构认可评审员培训教程（试行）［M］. 北京：中国质检出版社，2015：29.

时进行校准和维护，人员没有按照既定成文信息界定的作业程序操作，发现物证检验、鉴定方法产生错误结果，标准/参考物质、设备、试剂有缺陷等。[①]

应当看到，物证鉴定机构在新的质量管理体系建立并运行的初期，必然会出现一定数量的不符合检测工作，而这正是检验本机构质量管理体系运行控制的相关机制是否有效的场合。其包括不符合工作控制程序本身是否有效，对不符合工作的处理，如所采取的纠正、纠正措施[②]等是否能够按照控制程序实施等。对于与物证鉴定质量管理体系运行控制相关的其他问题，笔者将在后文结合物证鉴定过程的管理一并进行讨论。

（三）物证鉴定质量管理体系有效性的评价与改进

质量管理基础理论研究指出，管理体系的有效运行一般会呈现出三大表征，其中一个表征是管理体系通过组织协调、质量监控、体系审核和管理评审以及验证等方式进行自我完善和自我发展，具备预防和纠正质量缺陷的能力，使得管理体系处于持续改进并不断完善的良好状态。[③] 对质量管理体系有效性进行评价的必要性，既表现为管理者方面的要求，也反映为外部顾客方面的要求。管理者需要了解管理工作的效果，对过往的经验做法加以总结分析；外部顾客也需要了解并要求机构具有能力提供合格产品和服务的证明。体系评价的一般方法包括顾客满意情况测量、产品满足要求情况测量、过程控制情况测量、体系运行情况测量（内部审核）以及体系与内外部环境的适应情况测量（管理评审）等。

此处重点就物证鉴定质量管理体系的内部审核和管理评审进行阐述。

1. 物证鉴定质量管理体系的内部审核

审核（audit），是指为获得审核证据并对其进行客观评价，以确定满足准

---

① FORENSIC SCIENCE REGULATOR OF UK HOME OFFICE. Codes of Practice and Conduct for Forensic Science Providers and Practitioners in the Criminal Justice System（FSR－Codes, issue3）[EB/OL].（2016－02－11）[2022－02－20]. https://assets. publishing. service. gov. uk/government/uploads/system/uploads/attachment＿data/file/499850/2016＿2＿11＿－＿The＿Codes＿of＿Practice＿and＿Conduct＿－＿Issue＿3. pdf:18, at terms 14. 1.

② 纠正（correction）是指为消除已发现的不合格（即未满足要求）所采取的措施；纠正措施（corrective action）是指为消除不合格（即未满足要求）的原因并防止再发生所采取的措施。纠正可与纠正措施一起实施，或在其之前或之后实施。参见《质量管理体系　基础和术语》（GB/T 19000—2016）条款3.6.9、条款3.12.2以及条款3.12.3。

③ 中国合格评定国家认可委员会. 司法鉴定/法庭科学机构认可评审员培训教程（试行）[M]. 北京：中国质检出版社，2015：158－159.

则的程度所进行的系统的、独立的并形成文件的过程；审核的基本要素包括由对被审核客体不承担责任的人员按照程序对客体是否合格所做的决定。① 内部审核（internal audits），简称内审，是体系运行过程中的一项重要环节，也是一种重要方法。通过实施质量管理体系内部审核，检查并验证质量管理体系运行的持续符合性和有效性，以便及时发现存在的问题，实施纠正和纠正措施，完善和改进质量管理体系。

在体系建立初期，内审的重点主要是验证和确认质量管理体系文件的适应性、实施的符合性和有效性；在体系运行阶段，内审除了关注质量管理体系的符合性、适宜性，重点应评价质量管理体系的有效性和识别改进的机会。内审是一项系统的、有组织的、规范的活动，必须按照预定的计划和程序开展。在程序方面，内审实施过程一般包括：确定年度审核方案和管理层要求、组建内审组、制订内审实施计划、进行审核准备、实施审核、形成审核报告、纠正/措施实施、内审资料存档等八个基本步骤。②

物证鉴定机构应对照相关标准/准则的要求，策划和组织实施质量管理体系的内部审核。

首先，是内审实施的时间间隔要求。ISO/IEC 17025 条款 4.14.1 指出，实验室应根据预定的（predetermined）日程表和程序，定期地对其活动进行内部审核，以验证（verify）其运作持续符合管理体系和本国际标准的要求。在实施内审的时间间隔基本要求方面，该条款下的注 1 指出，内部审核循环通常在一个年度内完成。③ CNAS-CL 08：2006 标准条款 4.14.1 下的注 2 对此作出了解释：内部审核频率可依据可证实的管理体系的有效性和稳定性进行调整，每 12 个月应至少进行一次。④ 原 ASCLD/LAB-International 认可项目补充准则（2011 年版）条款 4.14.1.1⑤ 指出，内部审核每年应最少实施一次。

---

① 参见《质量管理体系 基础和术语》（GB/T 19000—2016）条款 3.13.1 和该条款下的注释 1。

② 中国合格评定国家认可委员会. 司法鉴定/法庭科学机构认可评审员培训教程（试行）[M]. 北京：中国质检出版社，2015：160−161.

③ ISO/IEC 17025：2005（e）中的表述为："The cycle for internal auditing should normally be completed in one year." 我国 CNAS−CL01：2006 认可基本准则在内容上等同采用 ISO/IEC 17025：2005 标准，在该准则中，相应的表述为"内部审核的周期通常应当为一年"。

④ 从审核方案策划的角度看，物证鉴定机构可以在 12 个月的周期内进行一次全要素审核，也可在 12 个月的周期内进行多次滚动审核。参见中国合格评定国家认可委员会. 司法鉴定/法庭科学机构认可评审员培训教程（试行）[M]. 北京：中国质检出版社，2015：160.

⑤ 该补充准则的条款 4.14.1.1 即为 ASCLD/LAB−International 认可项目中针对 ISO/IEC 17025：2005 标准条款 4.14.1 所提出的补充要求。

现 ANAB ISO/IEC 17025 法证检测实验室认可项目[①]准则 (AR 3028) 的条款 4.14.1.1 指出,内部审核每年应最少实施一次,同时应在初次认可评审前完成。在实施内审的时间间隔设置考虑因素方面,除了上述 CNAS—CL 08 标准条款 4.14.1 的注 2 所提出的原则性指引外,还可以参考英国内政部下属组织法庭科学监管署 (FSR) 发布的指南文件 (FSR—Codes)。[②] FSR—Codes 条款 16.2 指出,建议采用基于风险评估的方法 (risk assessment—based approach) 确定实施审核频次,但是,对方法所实施的审核在每一个四年循环内应最少实施一次。该条款的注释同时阐述道,确定审核频次时,机构宜考虑以下因素:组织规模、被审核工作复杂程度、特定技术方法和程序使用频率、与标准之间的不符合所导致的潜在后果等。同时,建议机构可考虑策划并组织实施不定期的突击审核 (occasional unannounced audits)。

其次,是内审覆盖范围的要求。ISO/IEC 17025 条款 4.14.1 规定,内审计划应涉及 (address) 机构管理体系的全部要素,包括检测/校准活动。CNAS—CL 08 准则对此细化规定为:应涉及管理体系的全部要素,包括鉴定活动、已发出的鉴定文书、现场见证观察记录等,并应明确相应的审核范围 (条款 4.14.1);如相关时,内审的内容应包括现场工作和出庭 (条款 4.14.1 注 1)。ILAC—G 19 指南文件对此也有类似的解释。[③] ANAB AR 3028 准则条款 4.14.1.2 明确内部审核必须覆盖对各领域检测取样 (sampling of testing) 活动的直接观察。FSR—Codes 指出:年度的内审项目必须覆盖管理体系的所有方面,其包括但不限于:管理体系的运行、个别档案的记录以及信息安全 (条款 16.1)。如鉴定机构从事作出意见陈述和诠释活动的,则内审计划必须包括作出意见陈述和诠释的相关程序以及经授权作出这些陈述的人员能力要求

---

① ASCLD/LAB 在 2016 年 4 月整体并入了 ANAB,2017 年 6 月 ANAB 新版法庭科学认可项目 (包括依据 ISO/IEC 17020 标准评审的法证检验机构认可项目以及依据 ISO/IEC 17025 标准评审的法证检测/校准实验室认可项目) 正式运作后,ANAB 不再接受 ASCLD/LAB—International 项目的新的认可申请,原有获 ASCLD/LAB—International 项目认可的机构将要求在 2018 年 12 月 31 日前逐步进行转版并接受 ANAB 的评审。

② 英国合格评定国家认可机构"英国认可委员会"(UKAS) 可以为面向刑事司法系统提供法证服务的机构在申请有关法庭科学认可项目时,附加审核 FSR—Codes (包括有关附件) 的要求是否得到满足。

③ ILAC—G 19 指南文件认为,内部审核计划必须覆盖相关的犯罪现场勘查、检验/检测、诠释过程和报告等活动;对机构程序所实施的评估,必须包括直接观察现场上 (on—site) 的或在实验室环境内实施的检验和测试。INTERNATIONAL LABORATORY ACCREDITATION COOPERATION. Modules in a forensic science process:ILAC G19: 08/2014 [EB/OL]. (2014—08—26) [2020—02—20]. http://ilac.org/?ddownload=805:13, at terms 3.7.

的评审（条款 16.3）。如机构是在多个功能场所内开展检验和检测活动，其内审也必须覆盖所有的场所以及管理体系的所有方面（条款 16.4）。

　　再次，是内审的相关实施和执行的主体要求。ISO/IEC 17025 条款4.14.1 要求，由质量主管（quality manager，CNAS-CL 08 相应地称之为质量负责人）负责实施按照日程表要求和管理层的需要策划和组织；内审应由经过培训和具备资格的人员来执行，并且只要资源允许，审核人员应独立于被审核的活动。CNAS-CL 08 准则对此规定基本一致。内审员必须经过培训，包括参加内部组织的关于本机构质量管理体系和有关标准的宣贯培训、内审培训，熟悉本机构的质量管理体系文件；参加外部有关专门机构组织实施的培训，如全国司法鉴定人继续教育基地、各地司法鉴定协会组织的内审员专题培训班。内审活动的效果取决于审核团队成员的素质。正如有论者指出，内审员识别不符合项的一条"黄金法则"，便是其能够用来自机构"自身质量体系准则和程序的语言"对不符合项目进行描述。[①] 通过培训，内审员掌握规范内审活动的标准、方法、程序，特别是在熟悉标准/准则和相关文件的基础上，形成"客观地收集、评价审核证据，形成审核发现"的基本能力，提升内审活动效果。同时，鉴定机构进行内审策划时，要注意选好内审组长，要确保其了解物证勘查、检验和鉴定相关业务活动的实现过程且具有较高专业知识水平，既比较熟悉质量管理工作，又对相关准则（CNAS-CL 08 以及各物证鉴定分支领域的认可应用准则等）和本机构质量管理体系文件要求有一定深度的理解，而且有较强的领导能力、协调沟通能力。审核组长就内审活动所进行的全面归纳总结和意见分析，是鉴定机构管理层对自身制度文件的适宜性、人员配置的合理性、执行效果的严谨性以及效果的高效性作出判断和决策的重要依据。内部审核所采用的方法，包括但不限于：见证在真实的和/或模拟的犯罪现场上开展的物证勘查活动；对被审核对象已完成工作进行审核；对人员进行单独访谈；见证在控制环境下，如实验室或机构总部实施的各项检验、鉴定技术运作过程等。[②]

　　最后，是内审活动的记录和相关处理的要求。ISO/IEC 17025 条款

---

　　① ASHRAF MOZAYANI, CARLA NOZIGLIA. The forensic laboratory handbook procedures and practice [M]. 2nd ed. New York: Humana Press, Springer, 2010: 348.

　　② UNITED KINGDOM ACCREDITATION SERVICES. Accreditation of bodies carrying out scene of crime examination (RG 201: 2015 Edition 2) [EB/OL]. (2015-08-30) [2022-01-30]. https://www.ukas.com/wp-content/uploads/schedule_uploads/6456/RG-201-Accreditation-of-Bodies-Carrying-out-Scene-of-Crime-Examination.pdf: 3 (at terms 1.7).

4.14.3 要求审核活动的领域、审核发现的情况和因此采取的纠正措施应予以记录。CNAS－CL 08 准则的规定与此一致，并且要求审核报告应及时告知被审核方负责人。由于内审结果是审核方案和审核实施的证据，也是管理评审的必要输入，因此，鉴定机构应将其作为成文信息予以保留。例如，原 ASCLD/LAB－International 认可项目补充准则（2011 年版）条款 4.14.1.2 要求，鉴定机构的内审记录应在一个认可周期或者五年内予以保留（取较长者）；条款 4.14.5（即额外要求条款——笔者注）规定，鉴定机构应在获认可周年日后 30 个自然日内向 ASCLD/LAB 提交年度报告。另外，内审中发现的问题必须予以处理，包括实施纠正和纠正措施等。ISO/IEC 17025 条款 4.14.3（CNAS－CL 08 准则条款 4.14.3）指出，当审核中发现的问题导致对（鉴定机构）运作的有效性，或对实验室检测/校准结果（鉴定结果）的正确性或有效性产生怀疑时，实验室（鉴定机构）应及时采取纠正措施。对此，FSR－Codes 条款 16.5 认为，当内审结果对检验活动的有效性，或对机构所提供检测结果的正确性或有效性产生怀疑，并认为可能报告了误导信息时，机构必须将其当作不符合检测（non－conforming test）处理。

纠正措施主要是针对内审报告中识别出的各个重大不符合项或关注项目而采取的，其应当对照质量管理体系文件/相关准则条款实施，并由被审核对象负责落实。在纠正预防措施完成后，应安排内审员对整改措施实施及效果进行跟踪检查，并客观公正、详细地记录跟踪审核结果。鉴定机构质量负责人应当向管理层汇报内审结果以及相关不符合项，并确保能够引起管理层注意；其应当对内审结果中的趋势和纠正措施进行分析，并制作相关报告。

2.　物证鉴定质量管理体系的管理评审

管理评审（management reviews）是管理体系标准贯彻过程中所形成的一种说法，其得到 ISO/IEC 17025 等标准的采纳。笔者认为，物证鉴定机构在实施管理评审时，需要按照标准/准则的要求，重点关注其基本输入以及做好评审输出的落实。

ISO/IEC 17025 条款 4.15.1 和条款 4.15.2 对管理评审的实施要求作出了原则性的规定，CNAS－CL 08 准则的要求与其基本一致。关于鉴定机构管理评审的输入要求，结合相关准则和指南文件，笔者将其梳理为表1－1。同时，国外文献所报道的一些做法和经验，也值得加以参考。

表 1—1　物证鉴定机构管理评审的输入项参考

CNAS—CL 08*	相关文件中可供参考的解释		
	APLAC TC 003**	HKAS SC—05***	ANAB AR 3055/3037****
4.15.1 ……评审宜考虑到： · 政策和程序的适用性； · 近期内部审核的结果； · 纠正措施和预防措施； · 由外部机构进行的评审； · 实验室间比对或能力验证的结果； · 工作量和工作类型的变化； · 客户反馈； · 投诉； · 改进的建议； · 其他相关因素，如质量控制活动、资源以及员工培训； · 日常管理问题（该条款下注释 3 阐述的——笔者注）	6.2 评审宜最低限度涵盖以下方面： (a) 自上次管理评审后产生的新问题； (b) 政策方针和中长期质量目标； (c) 质量和运作程序的适宜性，包括对体系（含质量手册）进行修改的需要； (d) 管理和监督人员的报告； (e) 近期内部审核的结果和纠正措施和预防措施； (f) 自上次管理评审结果后所实施的内部审核结果、以及由此采取的跟进（follow—up）措施； (g) 以及跟进（follow—up）分析；纠正措施和预防措施的跟踪措施； (h) 认可机构实施和顾客或其他经批准的机构实施的机构实施和跟踪措施； (i) 对实验室间比对或能力验证结果的趋势分析，以及经批准实施其他实验室间比对或检测领域实验室对或能力验证的需求； (j) 内部质量控制核查结果的趋势分析性； (k) 现有人力和设备资源的充分性； (l) 组织今后的计划、添置新设备，进行方法变更如实施变更等方面的评估，以及新员工培训要求和现有人员更新培训要求； (m) 新员工培训要求和现有人员培训的其他反馈； (n) 投诉和顾客的其他建议； (o) 改进的建议。	9.3 ……应当最低限度提供下列方面，其将为组织实现质量目标运作和持续和行动的基础： (a) 管理体系运作和过往检讨行动的反馈； (b) 内部审核的结果以及针对不符合而采取的措施； (c) 由顾客或其他经批准的机构实施审核的结果和跟进措施； (d) 香港认可处发出的评审、复评审和监督访问的结果，以及由本组织结果以及内部质量控制和验证措施； (e) 对能力验证实施结果以及内其他形式采取的趋势分析，以及相关措施的结论； 效性： (f) 投诉和来自顾客、员工的其他反馈，以及所采取的预防措施以及所引入措施的有效性； (g) 所采取的预防措施以及所引人措施的有效性； (h) 改进； (i) 人员流动率（turn—over rate）； (j) 人员培训的充分性； (k) 引入新技术和设备的可能性； (l) 现有人力、设备和其他资源的充分性； (m) 各部工作量以及顾客对新服务的需求； (n) 现有工作量以及管理和监督人员的报告； (o) 监督审的报告。	8 管理体系要求 8.5 管理评审（类型 A） 8…… 8.5.2.1 评审输入的额外项目包括： h) 独立性风险的识别； i) 现有人力和设备资源充分性； j) 计划项目工作量； k) 对新招募的现有人员的培训需求； l) 为确保纠正措施而建立体系的效果； k) 当潜在印痕检验结论不一致时为确保能实施合适预防措施而提出的所有解决问题而提出的所有记录。

注：
* CNAS—CL08,《司法鉴定/法庭科学机构能力认可准则》,中国合格评定国家认可委员会，2015 年版；
** APLAC TC 003,《实验室和检验机构的管理评审》,亚太实验室认可合作组织，2010 年版；
*** HKAS SC—05,《补充准则第 5 号 内部审核和管理评审》,中华人民共和国香港特别行政区认可处，2014 年版；
**** ANAB AR 3055,《ISO/IEC 17020: 2012 法证检验机构的认可要求》,美国国家认可委员会 - 美国国家质量学会认可委员会，2017 年版；
ANAB AR 3037,《ISO/IEC 17020: 2012 国际（非美国）法证检验机构认可要求》,美国国家标准协会 - 美国国家质量学会认可委员会，2017 年版。

　　例如，詹姆斯·罗伯特森（James Robertson）等论者曾报道了澳大利亚联邦警察局（AFP）下属法证和数据中心（Forensic and Data Center）在2009年所开展的一次质量体系评审实践。[①] AFP法证和数据中心是获得该国合格评定国家认可机构（NATA）认可的法庭科学机构，目前，其具备按照ISO/IEC 17025以及澳大利亚国家标准AS 5388实施法庭科学检测和犯罪现场勘查的能力。

　　论者指出，一方面，从历时角度看，质量体系关键要素应能获得持续改进；另一方面，我们有必要经常地对支撑该体系的基础性假设和各组成部分进行检讨。通过重新与相关方一起完成这个检讨过程，能够确保质量体系满足法证实验室及其顾客在未来的需求。2009年该机构实施的评审活动以重新厘定业务规划为出发点。为制定机构2009—2010年的业务规划，管理层在2008年下半年便投入了大量资源，包括举办12次专题研讨会（workshops），以明晰机构未来业务规划的重心，并识别出应当保持管理体系简化和质量体系稳健之间动态平衡的需要。

　　在评审实施方面，首先，机构注重依托项目组合管理团队（portfolio management team）的力量，由其对机构近20年来制定颁布的程序和过程进行仔细检讨，并通过与每一个专业领域的主要成员、各地分支机构的成员进行面对面访谈，广泛收集相关方的意见。其次，机构的质量保证团队（quality assurance team）负责将访谈收集到的意见进行归类、梳理加工，其将收集记录到的227条意见归结为17个关注领域，并最终提炼出6个主题（总体项目）：质量保证架构作用改革，增强实验室信息管理系统，改善体系的培训和支持，培训、作业手册和改进，质量过程的主人翁精神（ownership）和参与，文件控制与合作治理。质量保证团队针对每个关注领域制定具体建议并提交机构管理层作为评审的输入。自2009年6月启动评审至当年12月，质量团队共向管理层提交110条具体建议。

　　作为评审输出，机构管理层认为，相关项目组合团队成员必须认真分析其业务过程并识别出其中不必要的或过度工程化（over-engineering）的过程，同时，评审的结果还提供了一种目前可接受的在风险层级、ISO/IEC 17025准则以及合作治理要求等方面更为透明化的机制和相应建议，供各项目组合团队

　　① JAMES ROBERTSON, HERMANN METZ, NATHAN SCUDDER, et al. A quality system review：Australian federal police forensic and data centres［J］. Forensic Science Policy and Management，2010（1）：209.

选择。

从上述例子中可以看到，管理评审是鉴定机构的最高管理者[①]从组织战略的高度、组织整体经营/运营广度、组织持续改进的深度所组织、主持的管理体系评价活动，其目的是确保质量管理体系持续的适宜性（即判断是否仍适合于组织实际）、充分性（即判断是否仍然足够）和有效性（即判断是否仍达成期望的结果），并与组织的战略方向保持一致。如对管理评审作更为生活化的理解，则其应被视为管理工作的总结反思（因而其也会被称作管理检讨），这样的活动应包括月度/季度/年度工作会议、系统工作会议、务虚会等，因此，不应将其简单化地理解为机构每年召开的一次名为"管理评审会议"的会议。由此引申之，在中国特色的司法鉴定质量建设体系下，按照"党的组织全覆盖"的要求，鉴定机构管理评审与机构党组织的民主生活会、组织生活会之间应当进行有机融合。

鉴定机构开展质量管理体系评价和改进时，应当充分地运用三级监测体系。其中，过程监视和测量的落实能够为内部审核和管理评审奠定客观基础；内部审核侧重于监测和检查体系的符合性和有效性；管理评审的作用则是在对现有管理体系评审的基础上，评价改进的机会和变更的需求，需要最高管理者高度重视，厘清评审动机，把好输入关，以期形成有效决策并监督落实。此外，体系的持续改进，还需要质量方针、质量目标、监视和测量、数据分析以及纠正预防措施等方面予以支撑。

三、物证鉴定质量管理体系的外部评审

物证鉴定机构参加有关认证、认可计划项目并接受外部评审，是在组织层面上保证从事物证勘查、检验和鉴定活动结果质量的重要措施和途径。物证机构通过/获得并维持认证、认可状态的过程，实际上是一个不断促进自身质量管理体系健全和完善的过程。本部分主要从认可这一方面进行阐述。实践中，当某一物证鉴定机构对照国际通行标准和相关准则，建立并运作自身的质量管理体系一段时间后，需要考虑申请参加由有关合格评定认可机构组织实施的认可计划项目，并接受外部评审。

---

① 最高管理者（top management）被定义为"在最高层指挥和控制组织的一个人或一组人"。最高管理者在组织内有授权（delegate authority）和提供资源的权力。最高管理者是 ISO/IEC 导则第 1 部分 ISO 补充规定的附件 SL 中给出的 ISO 管理体系标准中通用术语及核心定义之一。"最高管理者术语"定义的中文版，可参见《质量管理体系 基础和术语》（GB/T 19000—2016）条款 3.1.1 及其注释。

（一）物证鉴定机构对拟申请参加认可计划项目类型的选择

本质上，申请参加认可计划项目是实验室、检验机构的一项自愿行为。当然，需要指出的是，在我国目前的法律框架下，从事物证鉴定相关业务（不含公安机关刑事案件现场勘查活动）的机构参加由相关合格评定认可机构组织实施的认可计划项目并获得和维持认可状态，可以看作国家法律强制规范的要求。[①] 根据自身的业务范围和类型选择合适的认可计划项目，是物证机构在策划参加和申请认可并接受外部评审活动时的首要考虑。

就当前国际范围内的基本情况来看，各国（地区）合格评定认可机构提供的法庭科学（物证鉴定）领域的认可计划项目主要有两大基本类型：

第一大类是为法庭科学全领域（包括犯罪现场勘查）统一地提供以 ISO/IEC 17025 为基础的认可计划项目，如澳大利亚 NATA[②] 的 "ISO/IEC 17025 法庭科学" 认可计划模块（其体系如图 1-5 所示）。我国 CNAS 的司法鉴定/法庭科学机构能力认可项目以及香港特别行政区合格评定认可机构香港认可处（HKAS）在香港实验室认可计划（HOKLAS）框架下设立的 "科学鉴证"（Forensic Testing）认可项目在类型上也可被归入此类。当然，也有部分国家

---

① 现行全国人民代表大会常务委员会颁布施行的《关于司法鉴定管理问题的决定》第五条第（三）项明确了 "法人或者其他组织申请从事司法鉴定业务的"，应当具备 "在业务范围内进行司法鉴定所必需的依法通过计量认证或者实验室认可的检测实验室" 的条款。对此，我国采取的基本管理政策大体可被理解为：第一，计量认证，是法制计量管理的重要工作内容，也是中国通过计量立法对为社会出具 "公证数据"（《中华人民共和国计量法》第二十二条之规定）的检验机构（实验室）进行强制考核的一种手段，是具有中国特点的政府对第三方实验室的行政认可。对各类检测机构来说，只有具备计量认证（China Metrology Accreditation，CMA）资质、取得计量认证法定地位的机构，才能为社会从事检测服务。因而，要求物证鉴定机构必须首先申请并通过国家级或省级的计量认证。第二，实验室认可，是由权威机构（即中国合格评定国家认可委员会，英文简称 CNAS，其权力授予的直接依据为行政法规《中华人民共和国认证认可条例》第三十七条）对有能力执行特定任务的机构给予正式承认的程序，因而，物证鉴定机构可以在申请国家级计量认证的同时一并向中国合格评定国家认可委员会提出认可申请，相关组织在实施评审时采取资质认定和实验室认可 "二合一" 评审。一般不允许物证鉴定机构单独申请实验室认可。

同时，获得 CNAS 认可的物证鉴定机构在出具获认可能力领域范围（通常在机构所获认可证书的附件中清晰标明具体的子领域及代码）内的鉴定报告时，可按照相关使用规则在报告上使用中国合格评定国家认可委员会的有关认可标识，带有这个标识的鉴定报告在国际范围上的互认效力根据 CNAS 与相应组织，如国际实验室认可合作组织（ILAC）签署的互认协议（MRA）确定。

② 澳大利亚国家测试机构协会（The National Association of Testing Authorities，Australia，NATA）是澳大利亚联邦在 ILAC 中的一个正式成员。

仅对法庭科学的检测活动领域提供认可项目，例如，加拿大的 SCC[①] 所提供的法证检测实验室认可项目。

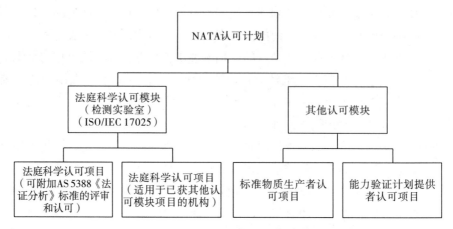

图1—5　澳大利亚 NATA 法庭科学领域认可计划体系概况

第二大类是为法庭科学不同分支专业领域分别提供基于 ISO/IEC 17025 的法证检测实验室（Forensic Testing Laboratories）认可计划项目、基于 ISO/IEC 17020 的法证检验机构（Forensic Inspection Bodies）认可计划项目。后者主要针对犯罪现场勘查（例如英国 UKAS[②] 法庭科学领域的相关认可计划，其概况如图 1—6 和表 1—2 所示）以及指纹印痕比对、笔迹比对等分支专业领域（例如美国的 A2LA、ANAB、原 ASCLD/LAB[③] 和瑞士的 SAS[④] 等）。

①　加拿大标准理事会（The Standards Council of Canada，SCC）是加拿大在 ILAC 中的一个正式成员。
②　英国国家认可委员会（The United Kingdom Accreditation Service，UKAS）是大不列颠及北爱尔兰联合王国在 ILAC 的唯一正式成员。
③　A2LA 即美国实验室认可协会（The American Association for Laboratory Accreditation），ANAB 即美国国家标准协会－美国质量学会国家认可委员会（ANSI－ASQ National Accreditation Board），ASCLD/LAB 即美国犯罪实验室主任协会/实验室认可委员会（American Society of Crime Lab Directors/Laboratory Accreditation Board），三者均为美利坚合众国在 ILAC 的正式成员。
④　瑞士认可署（The Swiss Accreditation Service，SAS）是瑞士联邦在 ILAC 的唯一正式成员。

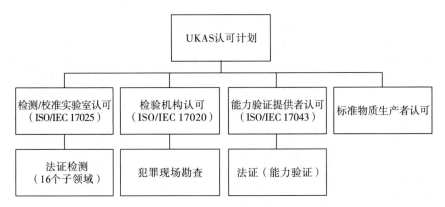

图 1-6　英国 UKAS 法庭科学领域认可计划体系概况

表 1-2　英国 UKAS 法庭科学领域（不含校准实验室）认可计划基本情况

认可类型 （评审基本准则）	认可领域（子领域）		认可项目	获得认可的机构		
				总数	本国	外国
检测实验室认可 (ISO/IEC 17025)	法证	助燃剂	助燃剂	8	7	1
		人体体液和组织	酒精	10	9	1
			酒精 ATD 计算	3	3	0
			DNA（犯罪现场上的斑痕）	12	12	0
			DNA（用于输入国家 DNA 数据库）	8	8	0
			DNA（亲子鉴定）	11	10	1
			药物（毒物学）	27	26	1
			血液和其他体液的鉴别	33	32	1
		文件	笔迹	5	4	1
		毒品（药学）	法证用途的鉴别	11	11	0
		爆炸物	探测和鉴别	3	3	0
			微量分析	2	2	0
		纤维	鉴别和比对	6	6	0
		枪械和枪弹	枪械和枪弹	9	9	0
		玻璃	玻璃	8	8	0
		毛发	DNA	1	1	0
			鉴别和比对	4	4	0

续表

认可类型 （评审基本准则）	认可领域（子领域）		认可项目	获得认可的机构		
				总数	本国	外国
检测实验室认可 (ISO/IEC 17025)	法证	形象痕迹	指纹印痕	34	33	1
			整体分离痕迹、制造印记、足迹、工痕等	12	12	0
		移动电话/计算机/声像资料	数据提取	10	10	0
		涂料	（法证）比对	6	6	0
		绳索	绳索	0	0	0
		电子速度记录仪	电子速度记录仪	0	0	0
		机动车及其构件	机动车及其构件	2	2	0
		其他	其他	7	7	0
检验机构认可 (ISO/IEC 17020)	犯罪现场勘查	犯罪现场勘查		2	2	0
能力验证提供者认可（ISO/IEC 17043）	法证（能力验证）	法证（能力验证）		3	3	0

注：以上数据截至 2021 年 6 月 30 日。

因此，物证鉴定机构在策划、申请认可计划项目时，包括参加国外合格评定认可机构的认可计划项目或根据 ILAC 互认协议（MRA）申请认可转换（transfer of accreditation）等情况时，应当按照有关合格评定认可机构相关认可计划项目的要求，结合本身业务的特点类型，正确选择合适的认可计划项目。

例如，美国 ANAB 在其新版法庭科学机构认可计划项目的认可手册（MA 3033）中指出，如使用专业判断是基于将一客体与另一客体或有关规定进行比较的结果以形成结论，ISO/IEC 17020 将是更合适的标准。[①] ANAB 法庭科学机构认可申请表（FA 3067）指出了典型法庭科学检验活动范围（见表 1-3）；在认可现场评审过程中，受 ANAB 指派的主评审员（leading assessor）将与申请机构一同合作，以确保申请机构所提交申请认可的"能力

---

① ANSI NATIONA ACCREDITATION BOARD. ANAB Accreditation Manual for Forensic Service Providers (MA 3033) (2021 edition) [EB/OL]. (2017－06－26) [2022－02－30]. https：//anab. qualtraxcloud. com/ShowDocument. aspx?ID=7183 /:4.

范围清单"是准确无误的。

表 1-3　美国 ANAB 法庭科学检验机构认可（ISO/IEC 17020）的典型参考范围示例

序号	认可范围	（Discipline）
1	现场检验	（Field Inspection）
2	人类学	（Anthropology）
3	血迹形态分析	（Bloodstain Pattern Analysis）
4	犯罪现场勘查	（Crime Scene Investigation）
5	电子数据	（Digital Evidence）
6	文件检验	（Document Examination）
7	枪械和工具痕迹	（Firearms and Toolmarks）
8	乳突纹线	（Friction Ridge）
9	鞋印/轮胎印痕	（Footwear/Tire）
10	视频/图像技术和分析	（Video/ Imaging Technology and Analysis）

（二）物证鉴定机构申请参加认可计划项目初次评审的一般流程

一般而言，各国合格评定认可机构自身均按照 ISO/IEC 17011《合格评定认可机构通用要求》进行运作，因此，在评审过程的大体方面具有较强的一致性。此处，笔者以现行美国 ANAB（非美国本土）法证检验机构认可项目的一般规则为例进行阐述，建议读者可以对照我国 CNAS 的实验室认可规则（RL 系列）等相关文件，以期深化认识。

ANAB 现行版本的法庭科学领域认可手册（以下简称 MA 3033 文件）描述了法证检测实验室、法证检验机构认可计划项目初次评审的一般流程（如图1-7所示）。

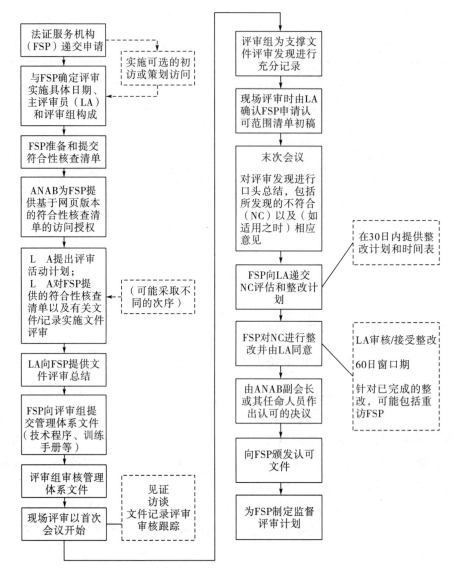

图 1-7　美国 ANAB 法庭科学领域认可计划项目初次评审的一般流程①

按照该文件的要求，申请法证检验机构认可计划项目的法证检验机构需要关注如下四个方面。

---

　　① ANSI NATIONA ACCREDITATION BOARD. ANAB Accreditation Manual for Forensic Service Providers（MA 3033）（2021 edition）［EB/OL］.（2017-06-26）［2022-02-30］. https：// anab. qualtraxcloud. com/ShowDocument. aspx?ID=7183 /;24.

1. 获取最新版本认可准则、应用准则以及相关文件

ANAB法证检验机构认可项目的基本评审依据，包括现行版本的 ISO/IEC 17020 文件（以下简称 17020 标准）、ILAC 有关认可政策要求、ANAB 认可要求以及有关附加评审的准则（要求）等。MA3033 文件规定，申请认可机构一旦获得 ISO/IEC 17020 授权拷贝（licensed copy）后，必须及时通知ANAB 才能取得相应的条款对照核查清单（checklist），以供后续使用。

2. 内部审核、管理评审和参加能力验证计划/实验室间比对（PT/ILC）要求

MA 3033 文件对准备阶段法庭科学检验机构开展内部审核的主要规定是："预计其（对照合适的 ISO/IEC 标准条款中关于内部审核的要求规定）完成一次内部审核"；在内部审核完成后至正式递交申请前，其 "应就内部审核中所识别出的不符合实施合适纠正和纠正措施"。关于管理评审，MA 3033 文件要求，其应该在 "初次认可评审前的 12 个月期间内" 按照认可准则的要求实施一次管理评审。对于参加能力验证计划/机构间比对活动方面，MA 3033 文件的主要规定是：在获得初次认可前，其 "必须按照合适的 ANAB 认可要求中所指明的规定参加 PT/ILC"；如果尚未有 PT/ILC 或者已获得认可的提供者，则其应当向 ANAB 申请批准使用非经认可的提供者实施的 PT/ILC 或者其他质量保证措施。

3. 正式申请认可

按照 ANAB 认可规则要求，法庭科学检验机构认可申请表和附件、相关支持文件等应统一采用英语版本（与 ANAB 签订协议的除外），并采用电子文件方式向 ANAB 提交，同时，需要缴清有关申请的费用。另外，如法庭科学检验机构需要在一个或多个场所实施检验工作，则应选择为各个场所单独申请认可，或者在其签署的认可申请表当中清楚地描述所申请认可的范围以及各个场所的人员。正式申请时，申请机构必须完成符合性核查清单以及相关支持性文件（如技术程序、培训手册以及质量手册等），并应在不少于现场评审日期30 个自然日以前递交至 ANAB。

申请 ANAB 法证检验机构认可项目的法庭科学检验机构，根据其实际情况和需求，可考虑在正式提交申请表后一并向 ANAB 提出初访要求申请。ANAB 认可流程中的初访是可选而非必经环节，包括介绍性的策划访问

(planning visit) 和非正式的评审预演 (practice assessment)。ANAB 将派出代表为申请机构提供策划访问（但不得进行任何形式咨询）并形成书面访问报告，费用由申请机构承担。策划访问的内容大体包括：对 ANAB 以及认可过程的概要介绍，解答机构关于计划确定的认可范围有关的问题，对管理体系文件进行评审以识别其中可能缺失的内容，对于认可有关的主题进行审查，在时间允许的前提下对其他相关联的文件进行验证和审查等。非正式的评审预演是由 ANAB 代表采用与正式官方认可评审一致的方式实施的活动，包括对申请机构场所访问、见证相关活动、审核记录及与申请机构一同讨论明显不符合处以帮助其识别并改进之等。非正式评审预演的结果不影响正式现场评审的结果。

4. 认可的现场评审

在现场评审前，ANAB 将与申请机构确定具体实施日期，并组建评审组。评审组的成员人数和构成主要根据申请认可范围、现场评审活动所需时间等方面综合决定。申请机构可对 ANAB 提出的评审组成员名单进行审查，以识别出是否存在影响认可公正性的因素，如利益冲突等；申请机构可向 ANAB 申请，要求其提供评审组成员的资格。同时，ANAB 保留指派、任命评审团队成员的权利，但会充分考虑申请机构对评审团队成员名单的反馈信息。其他认可现场评审的流程和环节，与我国 CNAS 现行版本的相关认可规则基本一致，在此不再赘述。另外，ANAB 发布的认可指导文件《ISO/IEC 17020：2012 国际认可项目评审活动强制要求》（文件编号 PR 3082）列举了 ANAB 在开展现场监督评审、非现场监督评审、扩项评审（Scope Extension）、检验机构场所评估（Premises Evaluation）等评审活动时，所需要重点对照的基本准则条款和认可应用准则条款（见表 1-4）；法庭科学检验机构在接受评审时应当提供符合性核查清单，并提供客观证据。

表 1-4　ANAB 四类评审方式中的重点评审认可准则条款

认可应用准则（ANAB AR 3037）条款号	评审方式			
	现场监督	非现场监督	扩　项	设施评估
5.2.3.1	×	×	×	×
5.2.7.1 & 5.2.7.2	\	\	×	×
6.1.1.1~6.2.1.6	×	×	×	×

续表

认可应用准则（ANAB AR 3037）条款号	评审方式			
	现场监督	非现场监督	扩　项	设施评估
6.1.9.1	×	\	\	\
6.1.10.1	×	×	\	\
6.2.2.1	\	\	×	×
6.2.2.1.1～6.2.2.1.1	\	\	×	×
6.2.3.1～6.2.3.3	\	\	×	×
6.2.4.1	\	\	×	\
6.2.7.1	\	\	×	\
6.2.12.1	\	\	×	×
6.2.15.5	×	\	×	\
7.1.1.1	×	\	×	\
7.1.2.1 & 7.1.2.2	×	\	×	×
7.1.2.3	\	\	×	\
7.1.8.1	×	\	\	\
7.2.1.1	×	\	\	\
7.3.1.1	×	\	×	\
7.3.1.6	×	\	\	\
7.4.1.2	×	×	×	\
8.5.2.1	×	×	\	\
8.6.4.1	×	×	\	\
8.7.4.1	×	\	\	\

注：（1）以上内容摘编自 ANAB 发布的 PR 3082 文件（2017 年 6 月 2 日生效）。（2）ANAB 认可应用准则的条款号是与 ISO/IEC 17020：2012 标准条款号对应的，例如，表格中，ANAB 应用准则条款 5.2.3.1 就是对 ISO/IEC 17020：2012 标准条款的解释或补充认可要求。（3）表格中，"×"表示实施相应评审时需要重点对照的条款，"\"表示 ANAB 未在 PR 3082 文件中明确。

（三）对获认可的物证鉴定机构的符合性监督

一般而言，ANAB 认可的有效期为 4 年，但也可以经法庭科学检验机构申请或 ANAB 决定缩短该期限。MA 3033 文件指出，在获得首次认可后对法庭科学机构合格评定活动的监督，除了定期监督评审和扩项评审外，ANAB 所采用的主要方式是对活动的监督（可由评审员或评审团队以现场或非现场监督方式进行）、经批准的外部能力验证计划提供者向 ANAB 提交的报告，以及获认可机构对重要事件和不符合的主动披露等。另外，ANAB 也会根据实际情况，要求获认可机构提交涉及认可范围内的记录/文件（文档），并通过各种合理方式监督法庭科学检验机构的持续表现，或者实施临时评审。

第二章　物证鉴定人员的能力及其管理

在一定意义上可以说，物证技术是一个以人为中心的，融合劳动手段、经验和方法等在内的，最终以知识、经验和实物形态等要素表现出来的高度统一的、完整的体系。在物证鉴定质量管理实践中，对人员这一中心要素所实施的指挥、控制、组织的协调活动，主要是围绕人员能力而展开的。因而，本章将结合质量管理体系建立和运作方面的相关准则要求，阐述针对物证鉴定人员能力所开展的质量管理。

第一节　概　述

系统方法（systems approach）与人员因素在物证鉴定的质量保证和控制体系中同等重要。理解有关活动对人员表现的期待以及就应当如何达到这些期待准则作出指引，是架构起人员因素和质量系统方法之间沟通桥梁的必要途径。[①] 一个架构成型并运作良好的物证鉴定机构通常会对其内在的各个关键岗位职责和要求有较为准确的界定，同时，对各个关键岗位之间的基本关系也有较为清晰的理解。在质量方面开展人员管理活动，有必要首先明确人员及其岗位的基本职责和能力表现准则，并以此为基础，开展培训、授权和持续监督工作。对鉴定机构人员开展能力管理和验证等有关活动的政策、程序、记录，是物证鉴定机构质量管理体系中最重要的支撑内容。

---

① ASHRAF MOZAYANI, CARLA NOZIGLIA. The forensic laboratory handbook procedures and practice [M]. 2nd ed. New York：Humana Press，Springer，2010：349.

第二节　物证鉴定人员能力及其构成

与物证鉴定结果质量有显著影响的人员，均应当被纳入质量管理的范围。明确能力这一概念的不同层次内涵，有利于确立物证鉴定人员能力的基本要求框架，为开展质量管理提供依据。

一、对物证鉴定人员的理解

在不同国家和地区，物证鉴定实施过程可能是由同一组织的人员承担，也可能分别由不同组织的人员负责各个环节的工作任务。在实践中，物证鉴定人员既可能是来自执法机关（如政府的内政部、司法部、警务系统）及其所属物证鉴定部门的技术官员，也可能是隶属于政府化验部门的法庭科学专业人员（forensic scientists）。甚至在市场化改革较为激进的国家（地区），如英国（英格兰和威尔士地区），可能是来自商业运营的法证服务供应商（如 LGC、Cellmark 等）的专业技术人员等。因此，对人员的理解，首先应当注意到不同国家和地区制度、体制的差异。

另外，应当认识到，除物证的勘查员/鉴定人以外，其他人员的工作结果也会显著影响鉴定质量，这些人员同样地需要通过协调组织资源，对其能力和工作进行指挥和控制。例如，在犯罪现场勘查活动中，首先响应人员（first-responder）的工作结果将影响物证勘查活动，应当将其纳入质量管理的范畴。又如，在物证的实验室检验、鉴定活动中，负责报告的鉴定人（reporting scientists）在个案中对所提交的证物进行直接检验，对检验发现进行诠释，撰写报告并向法庭提供有关事实证据和意见；除此以外，还需要有专门的化验人员（analysts）和技术助理（assistants）予以协助，在负责报告的鉴定人指导下从事案件的一般检验或分析、测试工作，并能够提供信息为有关人员对检测结果所进行的诠释提供帮助。化验人员和技术助理的工作结果同样影响制约着鉴定质量，应当成为人员质量管理措施的适用对象。

二、对能力的理解

（一）能力与岗位职责/角色之间的关联性

能力（competence），作为一种客观存在的事物，其一般意义是指人"做事的本领"①，以及"能胜任某项工作或事务的主观条件"②。在质量管理体系领域内，能力作为一个描述有关特性的术语，具体是指"应用知识和技能实现预期结果的本领"③。由该定义可知，当缺乏清晰的能力表现准则或界定时，要对人员能力进行描述和评定是较为困难的。正如人们可以轻易地说"我知道本机构人员是具备能力的"，但是如果要让其进一步客观地描述做出这一判断的具体依据时，却无清晰的、已被界定的有关准则，这在实质上无异于一种来自个人的、主观的臆断。因而，站在鉴定质量管理的立场上，我们在理解物证鉴定人员能力及其控制问题时，必须首先明确，人员能力始终是与其所实施的一定岗位职责/角色目标相关联的，也就是说，能力应当被视为一种"能够按照本专业设立的标准实施工作的本领"④。

物证鉴定人可以被看作一个岗位职责/角色，其主要任务是对物证进行勘查、检验、鉴定，同时还包括将上述环节的活动结果进行报告，即法庭科学过程中的"现场勘查""实验室检验分析""结果诠释""结果报告"四个基本岗位。应当承认，不同组织有着不同的岗位职责及其表现准则界定，而且在实践中，履行物证勘查、检验、鉴定、报告职责的有关岗位，既可能是由同一个组织同一名人员承担，也可能是由不同组织的不同人员承担。标准化特别是国家层面和国际层面的标准化活动，如制定法庭科学领域物证鉴定专业方面的国家职业标准框架等，能够增加不同组织人员表现准则的一致性。正是这个关于"必须完成哪些工作"以及预期结果的描述，能够为人们评价物证鉴定人员能力提供必要依据。因此，在质量管理活动中，岗位职责描述是开展能力评价的前提条件。

---

① 李行健. 现代汉语规范词典 [M]. 7 版. 北京：外语教学与研究出版社，2014：954.

② 中国社会科学院语言研究所词典编辑室. 现代汉语词典 [M]. 7 版. 北京：商务印书馆，2016：947.

③ 参见《质量管理体系 基础和术语》（GB/T 19000—2016）条款 3.10.4。

④ KEITH HADLEY，MICHAEL J FEREDAY. Ensuring competent performance in forensic practice－recovery, analysis, interpretation, and reporting [M]. Boca Raton：CRC Press，2008：9.

（二）能力概念内涵的复合性

在法庭科学领域，通常采用"K－A－A"（知识－技能－意识）或"K－S－A"（知识－技巧－技能）框架对从业人员应具备的能力结构进行描述。例如，联合国毒品和犯罪问题办公室（UNODC）2011 年发布的专题报告《法庭科学实验室人员技能要求和设备建议》对法庭科学机构人员的能力进行了界定。其首先从通用能力要求和主要专业领域的特定能力要求两个方面架构起领域人员的能力结构总框架；其次，对于每一具体方面的能力要求，该专题报告均从"知识""技能"以及"意识"方面进行概括描述（见表 2－1），并确立了预期的表现准则。[1]

表 2－1　UNODC 专题报告中对法庭科学机构人员通用能力的描述框架

能力要素	基本内涵
知识 （Knowledge）	· 指对分析/检验的科学方法和原则形成理论化见解； · 其意味着有关人员能够理解特定领域的分析/检验活动所依据的基础理论（例如机制、反应、界限等）； · 通过正式和日常的教育过程可获得有关知识。
技能 （Ability）	· 指合适地实施一项分析/检验活动的实务能力； · 通过实践能够获得有关技能。
意识 （Awareness）	· 指能够认知或熟悉某一方面的问题； · 其意味着有关人员需要掌握一定信息，以便在分析/检验活动中能够进行相关的并且是合适的斟酌考量。

由此可见，能力属于表征个人知识、技能、（根据标准开展工作而）应用知识、情感态度和行为等方面的综合体，是一个具有明显复合特性的概念。因而，在能力形成和评价问题上，任何单一方法/途径均必然存在其内在的局限性，促成能力形成和维持的培训（再培训）项目，以及探测能力水平层次的有关评价项目设计，必须坚持符合目的性、系统性以及协同性的基本原则。

（三）能力形成的阶段性

一般而言，人的能力大多是一步一步地发展起来的，并且需要主、客观条件结合方能得到维持和拓展，即能力形成有其内在的阶段性和规律性。物证鉴

---

[1]　UNITED NATIONS OFFICE ON DRUGS AND CRIME. Staff skill requirements and equipment recommendations for forensic science laboratories［EB/OL］.［2022－01－30］（2011－03－30）. https://www. unodc. org/documents/scientific/Ebook _ STNAR _ 02Rev1 _ E. pdf:5－13.

定领域中的许多分支专业，如痕迹鉴定、文书鉴定等，鉴定人只有通过鉴定人与鉴定人之间的协作，如鉴定组内的讨论、鉴定同行之间的"会诊"等，并积极参加科学研究，才会形成实质上的鉴定能力。有关人员完成第三等级教育（高等教育）并取得相关学历资格仅为具有进入该行业的初始资格条件；只有作为受训人员参加机构训练项目，具备一定从业经历和经验后，方为具备正式独立实施鉴定的基本资格条件。对处于不同能力发展阶段的鉴定人员，应当有针对性地实施培训、再培训，运用组织资源维持、拓展人员能力。物证鉴定人员能力的表现准则（职业标准）、教育、培训、能力形成、能力维持、能力发展之间的一般关系如图2-1所示。①

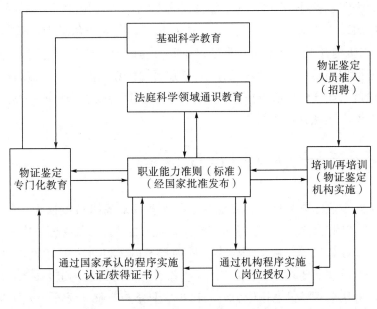

图2-1 物证鉴定人员能力形成、维持和发展过程与能力表现准则、教育、培训之间的一般关系

因此，从质量管理的角度观察，物证鉴定机构对人员及其能力进行组织控制的方针，必须遵从人员能力形成的内在阶段性规律，充分发挥岗位能力评审和授权这一管理机制，不应"拔苗助长"；同时，我们要认识到"为人员提供提升必要能力的机会"始终是机构管理层（最高管理者）的基本职责，应重视对本机构培训项目的设计和实施，以及人员培训和再培训需求的识别，充分运

---

① KEITH HADLEY, MICHAEL J FEREDAY. Ensuring competent performance in forensic practice— recovery, analysis, interpretation, and reporting [M]. Boca Raton：CRC Press，2008：53.

用鉴定人员能力阶段性规律，结合本机构的业务状况和质量目标设定，合理构筑人员能力整体结构。

（四）能力的需证实性

质量管理体系建立和运作所秉持的一个基本原则就是循证决策，即"基于数据和信息的分析和评价的决策，更有可能产生期望的结果"[①]。ILAC-G 19 指南文件将人员的能力界定为"经过证实的运用知识和技能以及个人素质方面的本领"[②]。因此，物证鉴定人员能力是需要通过客观证据予以证实的，并非处于"不证自明"的一种特性和状态。

实践表明，根据不同的人员岗位职责描述和能力表现准则所确立的具体要求，可以通过审核由人员所提供的客观证据（如完成外部培训而获得的证书等）、组织机构开展人员质量管理过程而形成的记录（如顺利完成内部或外部能力验证计划的结果等）、客户的反馈等方面的信息，并结合实施结构化的能力评审项目（如评价中心方法等）结果，对人员能力是否满足或持续满足岗位职责需求做出客观分析和判断。

三、物证鉴定人员能力构成的基本框架

按照本专业的通行理解，物证鉴定所涉及的对象可被概括为"痕""文""微""音""图""电""生"等 7 种具体表现形式[③]，涵盖物理、化学、生物、信息技术和计算机等学科。通过参考前面提及的 UNODC 专题报告《法庭科学实验室人员技能要求和设备建议》，笔者认为，对物证鉴定人员能力构成基本框架，可从全领域的通用能力要求和各主干分支专业（领域）方向的基本能力要求两个方面进行框架描述。

（一）物证鉴定领域人员的通用能力要求

物证鉴定领域人员通用能力要求的基本框架如图 2-2 所示。

---

① 参见《质量管理体系　基础和术语》（GB/T 19000—2016）条款 2.3.6.1。

② INTERNATIONAL LABORATORY ACCREDITATION COOPERATION. Modules in a forensic science process：ILAC-G 19：08/2014［EB/OL］. （2014-08-26）［2020-02-20］. http://ilac. org/?ddownload=805：6.

③ 徐立根. 物证技术学［M］. 北京：中国人民大学出版社，1999：3-6.

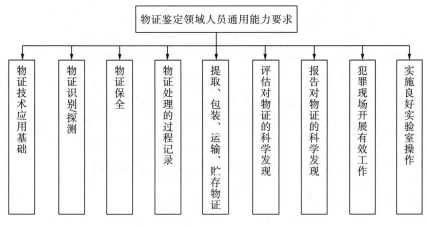

图 2-2 物证鉴定领域人员通用能力要求框架

1. 物证技术应用基础能力要求

在知识方面，要求人员能够理解物证技术学的基本理论和重要概念，其包括物质转移理论、物质性客体的特定性理论以及物证比对鉴别和诠释的基本理论；能够理解物证勘查、检验、鉴定活动所应当遵从的职业道德规范，包括客观性、全面性、独立性和保密性要求。在意识方面，要求人员能够认识到应当使用经过确认和经过性能试验的方法和程序，并根据已经过文件化的标准操作规程（standard operational procedure，SOP）实施操作；能够认识到科学程序中的偏差来源（source of bias）以及相应控制技术；能够认识到本领域各分支专业技术的界限并确保其符合预期目的之意义；能够认识到自身接受继续教育和培训的必要性。

2. 识别/探测物证的能力要求

作为一种面向物证鉴定全领域的通用要求，识别/探测物证所需要的知识主要是指能够理解光学基本原理（如光的吸收、反射和荧光现象等）及其在现场物证探测中如何应用。在技能方面，要求人员应当具备物证探测和处置的基本能力，即能够处理具备各种特性和状态的物证（如液体、固体、挥发、易碎、剧毒等）并进行观察和记录；能够鉴别物证的颜色、形状、厚度并观察细节特征（即进行模式识别）。在意识方面，要求人员能够意识到微量物证的存在及其潜在性和典型分布特点。

3. 保全物证的能力要求

保全物证能够为司法应用、技术复核提供客观的物质基础。在知识方面，要求人员能够理解物证受污染、交叉污染（cross－contamination）和证据损毁的发生机制。在技能方面，要求人员能够掌握防止物证受污染以及实施物证安全管理的能力。其包括：能够预防物证受污染和避免发生交叉污染（例如穿着合适防护服以及佩戴防护用具），能够根据实际情况（如物证特性、机构场所特点等）采取合适措施，防止物证被盗、篡改、替换或损坏。

4. 物证物理处置过程记录的能力要求

在知识方面，要求人员能够理解记录物证及其处理相关过程和信息的重要性，理解记录物证处理过程所采用的图像记录技术原理和设备运作机制，理解图像增强技术的原理和应用知识（包括有关软件的应用）。在技能方面，主要是要求人员掌握物证提取和包装过程中进行相应记录的能力。其主要包括：能够执行合适包装、封装措施和记录程序以保证物证记录监管链的完整和有效，同时，能够使用专业摄像技术记录和展示对物证所实施的各种观察。而在意识方面，相应地要求人员能够认识到采取合适方式（如摄影/录像和笔录等）记录物证的重要性，并且针对应用数字化记录的场合，需要认识到尽管已制作相应副本，但仍应保全原始数字图像文档记录。

5. 物证提取、包装、运输和贮存的能力要求

在知识方面，主要要求人员能够理解物证现场采样的知识，包括理解采样的基本原理，能确保现场上采集样品具有统计学上的代表性，并考虑到其物理性状和载体的具体情况。在技能方面，要求人员能够具备采用、贮存以及综合协调的能力，即能够针对物证特性使用合适的样品收集技术和设备进行采样，能够应用合适的物证贮存条件，以防止物证受污染、交叉污染、变质或损毁，以及对于同一个证据，能够在勘验提取其中某一类型物证的同时也为其他类型物证的勘验或分析提供最佳依据。

6. 评估物证勘查、检验和鉴定过程中科学发现的能力要求

在知识方面，要求人员能够理解物证比对和鉴识的基本理论，包括物证比对鉴别的一般原理以及各类型物证比对鉴别的具体要点，以及利用数据库进行查对的方法和技术原理。在技能方面，要求人员能够主动提出有关的替代假说

（alternative hypotheses）并进行检验，以提供全面、客观的信息。在意识方面，要求人员能够认识到进行客观检验和评估信息的必要性，包括认识到必须在实施比对前首先独立检验、诠释待检的物证并记录其各方面特征，以及认识到必须考虑各类物质的本底水平（background levels）并在诠释物证检验结果时进行综合分析。

7. 报告物证勘查、检验和鉴定过程中科学发现的能力要求

在知识方面，要求人员能够理解物证鉴定报告的类型、范围和目的。在技能方面，要求人员能够进行物证勘查、检验和制作鉴定结果报告。其包括：能够制作和发布有关文件，如检验报告等；能够实施合适的数据分析并确保计算机数据的完整性和安全性；能够针对不同客户类型进行不同形式的科学发现报告和诠释；能够以合乎逻辑的方式综合不同方面检验和测试结果并形成结论；能够在专家意见报告中清晰、准确地报告技术和科学发现；出席法庭作证时能够以清晰无误的方式报告技术细节信息。相应地，在意识方面，则要求人员能够认识到刑事侦查以及相关调查活动涉及的其他方，认识到根据调查活动涉及相关方的实际需求进行有效沟通的重要性。

8. 在犯罪现场开展有效工作的能力要求

在知识方面，要求人员能够理解相关法律和本机构的管理要求；能够理解对犯罪现场进行合适保护的基本要求；能够理解犯罪现场勘查质量保证的基本原则，如记录、溯源性、文件化程序等；能够理解当代使用的物证探测定位和保全技术原理及其具体应用；能够理解向物证鉴定实验室提出分析或检验物证的要求规定，并实际地加以运用。在技能方面，要求人员能够实施现场勘查。其主要包括：形成全面、重点突出且灵活的勘查方法；在勘查实施前制定系统的但可根据实际情况更改的勘查方案；根据现场情况进行评估并确定识别物证的重点部位；秉持客观立场实施有关的现场勘查活动；与警务人员、法医、检察官等合作，以团队合作方式实施现场勘查；在犯罪现场上采取安全操作，处置各类潜在毒害物质；记录现场的完整情况；按照机构的操作规程识别、探测、收集和包装现场上的生物性证据等。在意识方面，则要求人员能够认识到目前辖区实验室（或本机构）的技术能力范围，根据实际情况从现场上采集有关证据并送检分析。

9. 在实验室开展有效工作（良好实验室操作）的能力要求

具备良好实验室操作的能力，是能够保证检验、鉴定结果的可靠性的基本要求。

(1) 在知识方面的基本要求。

理解相关法律和本实验室的管理要求规定；理解基本的实验室质量控制和质量保证原则，包括参加外部能力验证计划等外部质量保证过程等；理解通过综合分析以增强实验室检验、鉴定结果可靠性的意义；理解所使用的检测/检验方法的界限并且将其清晰地记载在案件档案以及报告当中的重要性；了解法庭科学（以及相关联的基础学科领域）的科技文献以及理解保持文献更新的重要性；理解实验室物理防护装备，如手套、实验服以及护目镜等对于被检验物证和人员的双向意义；理解基本的统计学方法及其适用范围，并且在需要之时能够运用这些统计学方法。

(2) 在技能方面的基本要求。

作为通用要求，人员需要掌握以下 8 个方面的具体技能：贯彻批判思维（特别是在诠释证据时）；制定实验室检验方案（包括确定所需实施的检验活动次序等）；执行实验室安全操作（尤其是在处理未知类型物质、具有潜在毒害性的化学和生物证据时）；制备检测/检验所需的试剂溶液；准确测量样品（包括理解测量误差理论，如测量不确定度等）；处理微量和潜在状态的证据；操作和维护检验鉴定所用设备，包括合适使用、发现并排除故障、调试、校准、常规清洁和执行紧急状况下的程序等；按照待检物证类型要求合适地运用样本制备技术，包括理解所应用的提取技术和与之相关联的技术原理。

(3) 在意识方面的基本要求。

人员需要认识到实验室检测/检验所使用方法的破坏性，并能够以最大化提取信息且证据损耗最小化的方式实施有关检验鉴定活动（例如，首选非破坏方法，最后使用破坏方法等）。

（二）物证鉴定主要分支专业方向人员的基本能力要求

物证鉴定主要分支专业方向人员岗位职责决定了相关人员的基本能力要求的基本范围。在许多物证鉴定机构中，人员将被授权从事多个专业方向的勘查、检验和鉴定工作，这取决于机构的人员结构、业务特点以及有关人员的能力是否能够胜任岗位职责要求。

1. 指纹物证专业方向人员的能力要求

（1）指纹物证专业方向岗位人员职责概述。

指纹物证（fingerprints）专业方向人员的岗位职责，包括对可见的和潜在的手印（含人体赤足印、耳纹印）进行勘查、检验和鉴定，其涉及物理、化学方法的运用，如潜在手印的增强等，也可能需要对各类手印物质如人体血液和其他体液等进行处置。

指纹物证专业人员的教育资历建议为获得自然科学领域的学士（BSc）或硕士学位（MSc）并涵盖化学和生物学科内容。

（2）指纹物证专业方向人员的能力要求框架。

指纹物证专业方向人员的能力结构，包括本专业方向通用技能、探测和记录潜在指纹印痕、与指纹印痕样本进行比对三个方面。

第一，本专业方向人员的通用技能。其主要是指能够理解对指纹和其他皮肤纹遗留印痕进行探测和增强技术的原理，并能够采取相应操作，同时，能够使用本专业方向的常规仪器设备。

第二，探测和记录潜在指纹印痕。在知识方面，要求本专业方向的人员能够：理解各类型（光学的、物理的、化学的）潜在印痕探测方法的基本原理，并且理解上述方法的适用性取决于留痕载体（如渗透性或非渗透性等）和有关环境条件因素（如需要加湿等）；理解潜在手印物质（如人体分泌物等）的化学构成以及可能存在的污染物（如血液、涂料等）；理解与指纹印痕探测和增强所使用的技术有关的基础物理学和化学原理，包括光线、颜色以及光致荧光（photoluminescence）理论。在技能方面，要求本专业方向的人员能够拍摄记录合适于鉴定的高分辨率图像（如原大尺寸等）。在意识方面，要求本专业方向的人员能够认识到：为保全适合于鉴定的纹线细节特征而应用相关探测技术的需要，使用合适的通用探测方法和检验次序以及在显现过程的各个阶段及时记录结果的重要性，对于各类型"疑难"客体上潜在指纹印痕、陈旧或物质降解的指纹印痕应用进阶显现和增强技术的必要性。

第三，与指纹印痕样本进行比对。在知识方面，要求本专业方向的人员能够：理解指纹印痕的纹型（general patterns），理解指纹印痕（包括赤足印和耳纹印）的个体化意义及其相应细节特征，理解进行同一认定鉴定所遵从的方法（ACE－V方法）。在技能方面，要求人员能够收集或制作合适于比对的样本材料，并且能够观察分析指纹印痕中的细节特征。在意识方面，要求人员能够认识到实施鉴定时所依赖的是已知来源的不同方面的样本以及评估比对鉴定结果时需要使用统计学的方法，能够认识到基于刑事情报和犯罪分析的目的而运用印痕与印痕比对方法的意义并能够实施这些方法，能够认识到使用指纹数据库进行查对方法所具备的优势和潜在的风险。

2. 鞋印和轮胎印痕物证专业方向人员的能力要求

（1）鞋印和轮胎印痕物证专业方向人员岗位职责概述。

鞋印和轮胎印痕（shoe-marks and tyre-marks）物证专业方向人员的岗位职责，包括对现场上的平面或立体鞋印、轮胎印痕进行勘查、检验和鉴定，根据其上反映的种类和细节特征确定留痕客体，为调查活动提供信息。

本专业方向人员的教育背景建议为获得自然科学领域的学士或硕士学位。

（2）鞋印和轮胎印痕物证专业方向人员的能力要求框架。

鞋印和轮胎印痕物证专业方向人员的基本能力要求，包括本专业方向通用技能、显现和增强潜在印痕、进行印痕特征比对三个方面。

第一，本专业方向人员的通用技能。能够理解有关探测和增强技术的基本原理，理解所使用设备的运作机制，并能够进行相应的操作。

第二，显现和增强潜在印痕。其主要体现为理解有关技术原理，包括能够：理解不同类型的痕迹形成机制以及进行探测、记录和提取这些痕迹的方法原理；理解鞋印和轮胎印痕中的不同特征层次，如制作特征（规格尺寸和形状等）和使用特征（如豁口、孔洞等）；理解所使用的不同类型的照明方式以便对鞋印和轮胎印痕实施观察和记录（包括法庭科学专业光源、照明角度、摄影方法等）。

第三，进行印痕特征比对。在知识方面，要求本专业方向人员能够理解鉴识和鉴定过程方法的基本原理，如从一般特征比对到细节特征比对等。在技能方面，要求人员能够进行特征观察（模式识别）、根据无法获得科学解释的细节特征差异进行排除、基于情报和犯罪分析目的进行数据库查对，以及能够运用统计信息（如特征出现的频次等）评估特征符合的鉴定价值。在意识方面，要求人员能够认识到鞋印和轮胎印痕中的使用特征具有阶段性等。

3. 枪弹和工具痕迹物证专业方向人员的能力要求

（1）枪弹和工具痕迹物证专业方向人员岗位职责概述。

枪弹和工具痕迹（firearms and tool-marks）物证专业方向人员的岗位职责，除了传统的对弹头弹壳痕迹以及工具痕迹进行同一认定外，还需要根据案件情况，对枪械本身进行检验、恢复枪械或工具上的序列号、探测和分析射击残留物（Gun Shot Residu，GSR）、进行弹道分析和重建等，为侦查和相关调查活动提供技术信息。

关于枪弹和工具痕迹物证专业方向人员的教育背景，对主要从事射击残留物分析活动的人员，建议应获得化学专业的学士或硕士学位；而主要从事枪弹和工具痕迹比对（包括司法弹道学检验）的人员，建议应获得自然科学领域的学士或硕士学位，并且涵盖物理或化学学科的专业课程，以及概率和统计学方面的内容。

（2）枪弹和工具痕迹物证专业方向人员的能力要求框架。

本专业方向的人员基本能力要求框架包括通用技能、GSR 分析、枪弹和工具痕迹检验等三个方面。

第一，本专业方向人员的通用技能。鉴于枪弹和工具痕迹专业方向的特殊性，在通用层面上，除了要求本专业方向人员能够理解所使用的常规检验技术的原理并且能够实施操作以外，还特别要求其必须能够理解枪械的安全使用规则以及能够进行安全处置；能够理解不同枪械的类型和结构并能进行使用和操作，同时，应当能够理解枪械的制作特征（例如内部膛线结构）、发射过程（例如枪弹痕迹形成的部位等）。

第二，射击残留物（GSR）分析。在技能方面，要求人员能够使用枪械制作实验样品并进行分析测试和比对。在意识方面，要求人员能够认识到枪械发射过程与射击残留物分布的关系，包括在枪械本身、枪弹弹头和弹壳以及射击目标上均可能会留有射击残留物等。

第三，枪弹和工具痕迹检验。在知识方面，要求人员能够理解弹头和弹壳上出现的痕迹特征及其各自可以提供的信息，以及进行弹头、弹壳鉴别和同一认定过程方法的原理。在技能方面，要求人员能够根据枪弹和工具痕迹物证上反映的制作特征判定留痕枪械/工具的种类；能够制作工具痕迹样本，包括使用合适的承受客体材料等；能够根据细节特征进行工具痕迹、弹头和弹壳痕迹的比对；能够运用统计学方法，评估比对检验过程中所发现的线条痕迹特征符合和差异。

4. 可疑文件物证专业方向人员的能力要求

（1）可疑文件物证专业方向人员岗位职责概述。

可疑文件物证（questioned documents）专业方向人员的岗位职责，是对含有手写或印制信息的可疑文件进行鉴别，确定其内容、来源、真实性，包括进行纸张和墨迹检验分析、笔迹检验以及印刷机具鉴别等分析测试和检验。

可疑文件物证专业方向人员的教育背景，建议为获得自然科学领域的学士或硕士学位，并需要涵盖一定程度的化学学科专业内容。

（2）可疑文件物证专业方向人员的能力要求框架。

可疑文件物证专业方向人员的能力结构包括本专业方向通用技能、可疑文件检验、笔迹检验三个方面。

第一，本专业方向人员的通用技能。其包括理解涉及可疑文件的相关调查方法的原理，并能够运用本专业方向主要设备实施勘查、检验和鉴定。

第二，可疑文件检验。在知识方面，要求本专业方向人员能够：理解文件载体的类型及其主要特点；理解官方制作证件、文件上的不同安全/防伪特征，如水印和荧光纤维等；理解不同类型书写工具的特征、墨料的组分和特性、纸张的制作和鉴别特征等；理解影响书写工具所用墨料的特性的环境因素；理解印制文件表面特征的来源，包括来源于制作过程和使用过程等；理解不同的印刷方法和设备并能够识别其相应特征；理解不同类型的虚假文件，包括伪造和变造文件。在技能方面，要求人员能够收集和保全各类型可疑文件。

第三，笔迹检验。在知识方面，要求本专业方向人员能够理解伪造、伪装笔迹的各种方法。在技能方面，要求人员能够：对笔迹特征进行观察（模式识别）；对伪造、伪装笔迹进行鉴别；从笔迹当中确定字迹形态特征并识别提取书写细节特征；提取适宜与需检的物证笔迹进行比对的控制样本笔迹；将需检的物证笔迹与供比对的样本笔迹进行特征比对；合适地评估比对所发现的特征符合和差异，并进行鉴定价值评估。在意识方面，要求人员能够认识到影响笔迹形成的主要因素，包括书写时的姿势、身体状况、酒精影响、书写客体表面状况以及书写工具等方面。

5. 微量物证专业方向人员的能力要求

（1）微量物证专业方向人员岗位职责概述。

微量物证（fibers，paints，glass and other micro-traces）专业方向人员的岗位职责，主要是负责对纤维、涂料、玻璃、泥土、金属碎屑以及植物花粉等微量物证进行勘查、检验和分析鉴别，为缩小案件调查范围，查明案件事实提供信息。

本专业方向人员的教育背景，建议为获得自然科学领域的学士或硕士学位并以化学为主修专业（major）。

（2）微量物证专业方向人员的能力要求框架。

本专业方向的基本能力要求包括通用技能和微量物证检验两个方面。

第一，本专业方向人员的通用技能。本专业方向人员应当能够理解微量物证检验和分析所使用技术和主要设备的原理，并能够实施检验分析。

第二，微量物证检验。在知识方面，要求人员能够：理解有关微量物质的大规模生产方法、物质组成以及分类，理解泥土的特性以及对植物碎片、花粉和孢子进行鉴别的原理，理解微量物证转移和持续性的机制，理解玻璃、涂料物证检验中拼接吻合（physical-fit）的特定性意义。在技能方面，要求人员能够：根据不同类型微量物证的特性采用相应的搜索和采集方法；根据玻璃上的破裂纹痕形态，确定作用力方向；对纤维、涂料和玻璃物证进行次采样（subsample）并确保其具有统计学上的代表性；运用相应微量物证特征的出现频次理论评估/诠释微量物证转移/维持的概率，并具备评估是否由于待调查确认之事实而形成该微量物证的能力。

6. 纵火和爆炸物证专业方向人员的能力要求

（1）纵火和爆炸物证专业方向人员岗位职责概述。

纵火和爆炸物证（fire and explosion）专业方向人员的岗位职责，主要是勘查和分析现场上所提取的样品，（根据现场上可观察到的损坏情况）进行事件的现场重建，判断火灾或爆炸的源头（起火/起爆点），并分析鉴别纵火案件的引燃物以及爆炸案件的起爆物/爆燃物。

本专业方向人员的教育背景建议为获得自然科学领域的学士或硕士学位并以化学为主修专业。

（2）纵火和爆炸物证专业方向人员的能力要求框架。

纵火和爆炸物证专业的基本能力要求包括通用技能、纵火和爆炸案件现场勘查以及对火灾残骸和爆炸残留物进行实验室分析三个方面。

第一，本专业方向人员的通用技能。主要是要求人员能够理解常规使用技术和设备的相应原理并能够实施操作。

第二，纵火和爆炸案件现场勘查。在知识方面，要求人员能够理解燃烧和爆炸过程的物理和化学机理。在技能方面，要求人员能够：对纵火和爆炸案件涉及的广阔现场开展调查，确定起火/起爆点和相应原因；正确地诠释燃烧模式和爆炸波效应（例如确定是否存在多个起火/起爆点、热/燃烧源、燃烧/爆炸产物等），并判定其是否人为原因造成；合适地对物证和空白对照物进行定位、采集、包装和贮存；根据现场勘查结果正确地对火灾和爆炸现象（包括对起火/起爆点以及具体成因的判定等）进行报告。

第三，对火灾残骸和和爆炸残留物进行实验室分析。在知识方面，要求人员能够：理解通常可用于引燃和助燃的物质范围；理解常见基底物质的高温分解产物并且能够将其与来自外部的助燃剂进行区分；理解爆炸的不同类型，包括其所造成的物理、化学现象和可能造成的不同破坏度。在技能方面，要求人员能够根据现场采集样品的实验室分析测试结果，正确地对火灾和爆炸现象（包括对起火/起爆点以及具体成因的判定等）进行报告。

7. 毒品物证专业方向人员的能力要求

（1）毒品物证专业方向人员岗位职责概述。

毒品物证（drugs and precursors）专业方向人员的岗位职责，主要是对执法和调查活动中所查获/起获、扣押和发现的可疑物质性客体以及毒品/滥用药物（及其前体）经服食/注射等方式进入生物体后的代谢物进行检验。根据检验目的和使用的具体技术类型，本专业方向涉及的技术活动，包括在现场上和实验室环境下实施的假定试验/鉴别（presumptive testing/identification）、确证试验/鉴别（confirmatory testing/identification）、定量测定以及物理/化学分析（physical/chemical profiling）等。

本专业方向人员教育背景建议为获得自然科学领域的学士或硕士学位并以化学（或相关专业）为主修专业。

（2）毒品物证专业方向人员的能力要求框架。

毒品物证专业方向人员的基本能力要求包括通用技能、对查获物质客体进行检验以及对生物性样品进行检验三个方面。

第一，本专业方向人员的通用技能。主要是能使用常规仪器设备和分析测试方法的原理并能实际操作，同时，根据本专业的特点，应当能够针对不同类型的物质进行相应的样品制备。

第二，对查获物质客体进行检验。在知识方面，要求人员能够理解地下毒品市场上常见的易被滥用药物/毒品，包括其制作或合成方式、服用方式、对人体产生的效果以及主要的前体（precursors）。在技能方面，要求人员能够执行有效的抽样程序（包括运用统计学方法），以确保所抽取样品具有统计学上的代表性。在意识方面，要求人员能够认识到收集合适的参考样品是顺利实施比对鉴别的重要条件，并且在需要之时，应能够制备次级样本（secondary standards）；认识到有可能从毒品包装上提取到其他类型的物证（如指纹印痕、毛发、纤维、DNA 以及工具痕迹等），并能够对这些潜在物证采取合适保全措施；认识到毒品的包装物本身所蕴含的证据和线索价值，例如所采用的塑料包装材料的种类以及黏合胶带等物质，能够提供重要的情报和线索。

第三，对生物性样品进行检验。在知识方面，要求人员能够理解毒品在生物体内的主要代谢物以及在不同类型的生物性基质当中所呈现出的主要特征，理解应用于不同类型生物性样品的合适提取技术。在技能方面，主要是要求人员在处置生物性样品时，能够实施职业健康和安全方面的合适预防措施。

8. 生物物证（包括 DNA）专业方向人员的能力要求

（1）生物物证专业方向人员岗位职责概述。

生物物证专业方向人员岗位职责主要是对犯罪现场上的可疑生物性斑痕进行勘查，并在现场上或者实验室环境下实施检验和分析。其涉及对该可疑生物性斑痕所属类型的确定，如为血液，则进一步分析其来源部位；同时，通过对人体生物性斑痕中的 DNA 进行分析和比对（包括种群遗传统计数据应用）以识别个体。此外，还包括为分析犯罪活动的过程和重建犯罪现场而实施的血迹形态分析。

本专业方向人员的受教育背景建议为获得自然科学领域的学士学位或硕士学位，并主修生物学、生物化学、分子生物学以及化学等有关的专业。

（2）生物物证专业方向人员的能力要求框架。

本专业方向人员的能力要求包括通用技能要求、生物性物质探测和 DNA 分析、对 DNA 分析结果进行评估、血迹形态分析四个方面。

第一，本专业方向通用技能要求。主要是指能够理解常规应用的技术和仪器设备的原理，并能够实施合适操作。

第二，生物性物质探测和 DNA 分析。在知识方面，要求人员能够：理解可能潜在地存在进行 DNA 分析可能的各类型物证，理解实验室中进行生物物证探测、采集和包装的操作规程，理解贮存人体体液、生物检材以及干燥的生物性斑痕的各种合适方法，理解各种 DNA 分析方法及其相应的性能、界限、意义和适用范围（例如常染色体 STR、Y-STR、线粒体测序等）。在技能方面，要求人员能够：针对不同类型的生物性物质采取相应的防护措施避免潜在危害；在检验可疑的或参考的物质性客体时，能够采用最佳策略，以避免发生交叉污染。在意识方面，要求人员能够认识到 DNA 分析技术的灵敏度以及实施严格的防污染措施的必要性；认识到在实施提取和开展实验室全项分析前，对可疑斑痕进行初步筛查性试验的可能性和存在的缺陷，并能够充分理解何时进行筛查试验是不合适的；认识到在集中的日志文档中记录所有的失误，包括对所发生的污染情况的记录，将有助于排除相关问题；认识到在 DNA 分析和相关检验项目（如 DNA 分析与针对人体生理体液进行的假定/筛查试验，以及 DNA 分析与潜在指纹的探测和增强等）之间可能存在的冲突和进行协调的必要性；认识到采集 DNA 样品时可能存在的影响其证据价值的各种因素，例如，认识到应当在实施采样前首先记录斑痕形态的措施将能够保全这些斑痕形成方面的信息。

第三，对 DNA 分析结果进行评估。在知识方面，要求人员能够：理解 DNA 分析结果中可能观察到的各种现象和内容，例如在分型结果中出现的遗传结点（stutters）和等位基因（allelic）缺失等；理解种群遗传因素，如种群遗传结构和关系等；理解不同数据库（一般人口、重犯以及失踪人口库）的应用及其差异，包括多个数据库查对的功能和风险；理解基于刑事情报和犯罪分析的目的而进行 DNA 分析比对和/或部分序列比对的重要性。在技能方面，要求人员能够对 DNA 分型结果进行合适诠释和比对，能够运用合适的统计学工具（如贝叶斯方法）对证据的力度进行合适评定等。

第四，血迹形态分析。在知识方面，要求人员能够：理解血迹形态分析领域的技术发展和进展；理解与血迹形态分析有关的支撑科学，包括生物学、数学和物理学理论；理解血迹形态分析的内在局限性。在技能方面，要求人员能够：识别典型的血迹形态模式并理解其相应的形成机制；讨论和应用合适的血迹形态样本选择准则并确定其相应的作用角度；在特定的流血事件中确定可能存在的复合区（二维）以及来源区域；全面地记录流血事件现场情况；对血迹现场进行评估；对流血事件作出合适记录和报告，并能够在法庭或其他情况下准确报告血迹形态分析的过程和结果。在意识方面，要求人员能够认识到必须在血迹现场采取合适的职业安全和健康防护措施。

9. 数字和多媒体物证专业方向人员的能力要求

（1）数字和多媒体物证专业方向岗位职责概述。

数字和多媒体物证（digital and multimedia evidence，DME）是近年来新兴的并且已被法庭科学同行广泛承认的一个综合性专业方向。[①] 其通常包括计算机法证（computer forensic）、法证音频分析（forensic audio analysis）和法证视频分析（forensic video analysis）三个主要子领域。

计算机法证子领域人员的岗位职责主要是对涉案的计算机系统、移动电话、个人数据助理（personal data assistants，PDA）以及其他类型的数字化

---

① 在我国司法鉴定行业管理框架下，与数字和多媒体物证对应的管理分类和执业领域是计算机司法鉴定和声像资料司法鉴定，其并非归属于物证类鉴定的领域范围内。

数据存储设备进行检验和分析，其涵盖的专业技术活动包括对计算机系统、服务器、网络、移动电话以及其他数字化装置的数据信息进行恢复（recovery）、保全、制作映像（imaging）、抽取、分析、验证以及报告结果和存档。法证音频分析子领域人员的岗位职责主要是对涉案音频资料（包括与之相关联的元数据）进行恢复、保全、提取、检验/分析、增强、鉴真（authentication）、比对和复制等。法证视频分析子领域人员的岗位职责主要是对涉案的存储于数字媒介、录像带、胶卷、光学媒介以及其他能够捕获视频信息的装置中的视频资料（包括与之相关联的元数据）进行恢复、抽取、检验/分析、增强、鉴真、比对和评估。

从整体角度观察，数字和多媒体物证专业方向的实施过程均需要经过制作数据信息的映像/拷贝，对所制作的映像/拷贝进行校验，对所制作的映像/拷贝进行数据和信息分析，最后是报告检验/分析结果并存档等步骤，因而，许多过程、程序以及所使用的设备具有相对较强的一致性。当然，三个子领域之间的差别也是客观存在的，并反映在不同的人员能力要求当中。

作为一个新兴的物证鉴定专业方向，对其人员的受教育背景，一般建议为获得信息技术、计算机科学、数学、电子工程以及科学等方面的学位；或者是获得其他学科的四年制大学学位，同时包含计算机硬件和软件方面的技术训练，并且具备相关受教育、培训的经历。

（2）数字和多媒体物证专业方向各子领域人员的通用能力要求框架。

对于需要从事涉及数字和多媒体物证的犯罪现场勘查活动，要求本方向各子领域人员能够理解数字和多媒体装置当中数据信息的脆弱性，以及这些装置上可能存在的有毒害生物性物质，并能够采取相应处置措施；同时，要求人员能够在犯罪现场上识别数字和多媒体存储设备，并采取合适的证据安全管理、保全以及扣押措施。

对于需要实施数字和多媒体物证的实验室检验/分析活动，在知识方面，要求人员能够：理解计算机工作站的硬件、设定参数、软件及其与外围存储设备之间的连接方式；理解与安全操作和多媒体介质检验有关的基本电子学知识；理解数字存储媒介的特性和基本操作要求；理解在实验室环境下，执行必要的物理性处理和存放程序，能够减低被扣押装置中数据被更改或变动、篡改的风险；理解对派生形式的数字和多媒体物证（即通过恢复程序操作所获得的数据信息）进行安全管理的必要性。在技能方面，要求人员能够：对设备进行维护和执行基本的维护程序；识别在数字和多媒体物证调查过程中所使用工具和技术的界限，并能够保证其在每次被使用时均是符合预期用途的；拆解和重新装配数字存储设备和计算机硬件；识别处于被检验/分析过程的存储媒介或装置当中的任何被损坏之处，并能进行正确、合适记录；针对不同的检验/分析要求，采用非技术性词汇起草或制作一份检验/分析报告，且能够清楚地表达检验/分析过程、方法、技术和结论等内容。

（3）计算机法证子领域人员的能力要求框架。

在知识方面，要求人员能够：理解非传统的操作系统以及专有软件应用的识别，被加密保护的数字文档，以及加密技术；理解数据存储于不同类型媒介的机制以及对被删除数据进行恢复的技术；理解隐写技术（steganography）的概念。在技能方面，要求人员能够检验并诠释计算机法证人工产物，包括互联网访问历史记录、临时 Internet 文件夹中的文档、电子邮件数据等，以提供发生在被检验的计算机系统或其他数字装置当中的事件时域分析结果；对高级或非传统操作系统或专有软件应用进行分析；对单一数字装置，如全球定位系统或娱乐系统进行分析；应用高级法证提取工具和方法对计算机或网络进行动态（live）数据提取。

（4）法证音频分析子领域人员的能力要求框架。

在知识方面，要求人员能够：理解音频记录装置和媒体（模拟的和数字化的）以及数字设备硬件；理解音频记录、音频流、存储和压缩格式（各种编码解码器）；理解音频记录结构以确定提取数据和实施分析的最佳方法；理解声学的相关基本概念，包括物理声学（如音响传输、环境和材料的影响等）和心理声学（如人体发音机制、听觉和知觉等）；理解数学和信号过程的相关概念，包括取样、定量、滤波、频谱估计和声级表示等；理解电磁学、信号分析技术和相应的界限、误差来源，以及将其应用于声音记录系统、物理媒介、逻辑信号格式以及采样信号等上面。在能力方面，要求人员能够识别犯罪现场上出现的音频记录系统和装置，并能够采取合适的安全措施确保音频记录资料始终维持其原始格式。

（5）法证视频分析子领域人员的能力要求框架。

在知识方面，要求人员能够：理解视频记录装置和媒体（模拟的和数字化的）以及数字设备硬件；理解视频记录、视频流、存储和压缩格式（各种编码解码器）；理解视频记录结构以确定提取数据和实施分析的最佳方法；理解成像的概念，包括物理成像（如光学传输、频率和颜色、图像、传感器设计和运作等）和知觉（如人类的视觉生理机能，对形状、颜色和空间频率的感知机制等）；理解数学和信号过程的相关概念，包括取样、定量、滤波、频谱估计和颜色表示等；理解视频输出过程，并能够通过使用图像系统保证视频信息从捕获到输出的过程保持光学图像质量；理解电磁学、信号分析技术和相应的界限、误差来源，以及将其应用于成像记录系统、物理媒介、逻辑信号格式以及采样信号等。在能力方面，要求人员能够识别犯罪现场上出现的视频记录系统和装置，并能够采取合适的安全措施确保视频记录资料始终维持其原始格式。

第三节 物证鉴定领域人员能力的管理要求及其实现

物证鉴定人员能力基本框架的设立，能够为针对人员这一要素开展质量管理活动提供基础。而从物证鉴定机构认可的角度看，有必要对照有关能力认可的基本准则和要求，并结合本机构实际情况，通过运用组织资源开展有关的指挥、控制活动，以期为提升机构鉴定质量和实现质量目标奠定人员资源基础。概括而言，物证鉴定机构人员能力的管理要求实现途径大体可以包括人员岗位职责界定、人员培训和能力评审、实施岗位授权、开展定期监督等基本环节。

一、法庭科学领域相关认可准则中对人员的要求规定

如前所述，在法庭科学领域，有关机构建立和运作质量管理体系通行的基本准则依据主要是 ISO/IEC 17020 或 ISO/IEC 17025。由于这两个标准均不是专门针对法庭科学领域而制定的，因而，ILAC 组织发布的 G 19 指南文件成为法庭科学机构依据上述两个标准建立和运作质量管理体系的重要方向性指引；同时，各个国家（地区）针对实际情况所编写的应用准则[①]也可作具体参考。了解上述要求规定，有利于开展物证鉴定机构人员能力的管理。

（一）我国司法鉴定/法庭科学机构能力认可基本准则当中人员的相关条款内容概述

我国合格评定国家认可机构（CNAS）发布的基本认可准则 CL01：2012《检验机构能力认可准则》以及 CL01：2006《检测和校准实验室能力认可准

---

① 例如，美国 ANAB、美国原 ASCLD/LAB、英国 UKAS、加拿大 SCC、澳大利亚 NATA 以及我国香港特别行政区 HKAS 等合格评定认可机构针对 ISO/IEC 17020 或 ISO/IEC 17025 两个标准在法庭科学领域机构能力认可中的应用和开展认可项目的实际需求，编写了上述标准的认可应用说明文件。

则》在内容上均等同采用 ISO/IEC 17020：2012（以下简称 17020 标准）、ISO/IEC 17025：2005（以下简称 17025 标准）。针对司法鉴定/法庭科学机构认可需要，CNAS 发布了 CL 08：2013《司法鉴定/法庭科学机构能力认可准则》（以下简称 CL 08 文件），作为专门领域的认可基本准则。

CL 08 文件在技术要求部分集中设置了 8 个具体条款（条款 5.2.1 至条款 5.2.8），围绕人员能力及其管理进行描述。其具体包括：法庭科学机构对人员能力的界定、确认以及岗位授权（条款 5.2.1），人员结构和能力与业务相适应（条款 5.2.2），对各类人员及其能力的监督（条款 5.2.3），人员培训计划的基本规定（条款 5.2.4），人员行为指导（条款 5.2.5），人员能力监控要求和实施（条款 5.2.6），关键人员岗位工作内容描述（条款 5.2.7），人员管理记录内容体系基本要求（条款 5.2.8）。[①]

（二）ILAC-G 19 指南文件中关于人员能力的相关指引

ILAC-G 19 指南文件（以下简称 G 19 文件）条款 3.3 和条款 3.4 阐述了关于人员能力管理的有关指引。[②] G 19 文件指出，法庭科学机构必须制定政策以确保所有在本机构内开展工作的人员是胜任其所需要开展工作的。具体而言，包括：

1. 在管理体系方面的指引

在管理体系中，有必要界定各人员的地位（角色）、权限，并为每个角色的职责设定其所需要具备的资格、训练、经验和知识方面的特定要求。同时，要认识到，具备资格、训练经历以及经验，既不是实践能力也不是正确判断的必然保证。因此，管理人员和相关责任人员必须能够通过客观证据证明所有人员是具备能力的，并通过对照既定的准则的方式评定所有人员的知识和技能。

另外，法庭科学机构应当确保临时聘用人员也是具备能力的，而且能够按照本机构的管理体系要求开展工作。如需要从其他机构（包括其他法庭科学机构）中聘用人员时，本机构也必须验证这些人员的能力。

---

① 上述 8 个条款与 ISO/IEC 17020、ISO/IEC 17025 以及 ILAC-G 19 条款之间的对应关系可参阅 CNAS-CL 08：2013 的资料性附录 A、B、C。

② INTERNATIONAL LABORATORY ACCREDITATION COOPERATION. Modules in a forensic science process：ILAC-G 19：08/2014 [EB/OL]. (2014-08-26) [2020-02-20]. http://ilac.org/?ddownload=805：10-11.

2. 在实施途径方面的指引

第一，在评价人员能力时，法庭科学机构必须首先明确人员需要在何种程度上了解与犯罪相关的技术（例如枪弹）以及用于调查犯罪的技术（例如手印检验、DNA 分析、血迹形态分析等）。而且，针对法庭科学的实际情况，这些人员必须能够同时识别任何不寻常事情，例如伪装的盗窃犯罪或者证物被篡改等所需要的充足能力和经验。

第二，机构为人员提供的训练，必须是切合当前情况的，有明确的训练计划，并且应当针对人员专业能力发展的各个阶段进行相应的能力评定。同时，对人员开展检测或技术方面的特定训练时，法庭科学机构必须指明相应的合格标准，以表明训练项目是否达到预期效果。例如，由本机构资深人员对受训人员相关检验/检测或分析工作进行观察和见证，评价受训人员在质量控制/质量保证样品分析上有满意的表现，将受训人员在训练后所获得的结果与其他经过训练的人员获得的结果进行比较。针对法庭科学的实际应用需求，在必要之时，机构设定的训练计划应该包括出庭作证的训练内容。

第三，评定人员的能力可采取多种形式，这取决于所需要完成任务的特点。例如，可以考虑采用笔试和/或口试，实际操作，或者由具备资格的人员直接观察（目击）。大多数情况下，采取上述能力评定形式的组合是最为可行的方法。

第四，法庭科学机构必须有相应程序以对人员的引进进行规定，并且应该界定对其所需进行的训练和实施的监督。这个程序或过程将根据受训练人员的素质、资格和经验而有所不同。机构的人员训练计划必须是基于人员专业、专门知识和经验而制定的。

第五，法庭科学机构必须建立持续训练以及维持人员能力、技能和专业的程序。

3. 在人员能力管理记录方面的指引

法庭科学机构均必须具有人员所接受过训练的持续更新的记录体系。这些记录必须包括学术和专业资格、在法庭科学组内工作期间参加的外部或内部课程以及相关培训（如必要之时，还包括再培训）。记录应当包含充分细节以提供证据证明每个工作人员已经过合适训练以及他们完成任务或检测的能力已经过正式评价。此外，应该按照客户需求和/或法律体系的要求，将这些记录在一个期间内保留。

4. 在人员职业道德方面的指引

法庭科学机构需要通过制定行为守则，指明行为道德、保密性、公正性、人员安全、与本机构其他成员之间关系，以及确保所有人员行为适当的其他方面。该行为守则同时适用于法庭科学机构的所有人员，包括常驻的和临时的聘雇人员。

（三）几个国家及我国香港特别行政区认可计划项目中与人员能力管理有关的要求规定

当前，许多国家（地区）在法庭科学领域推进机构能力认可计划项目时，所采用的认可准则主要是 ISO/IEC 17025 标准[①]，而 17020 标准主要适用于犯罪现场勘查（如英国）以及部分物证鉴定专业（如美国 ANAB）的机构能力认可计划项目。因此，以下主要围绕 ISO/IEC 17025 标准关于人员的条款（主要是条款 5.2.1 至条款 5.2.5），结合美国（原 ASCLD/LAB 和 ANAB）、加拿大（SCC）、澳大利亚（NATA）、英国（UKAS/Home Office－Forensic Science Regulator）几个国家及我国香港特别行政区（HKAS－HOKLAS）所实施的认可计划项目（均为基于 ISO/IEC 17025 标准）中与人员能力管理有关的要求规定进行简要介绍。

1. ISO/IEC 17025 条款 5.2.1 和相关说明/补充要求

ISO/IEC 17025 条款 5.2.1 主文内容（不含条款下注释，下同）分为 3 个层次。

一是实验室管理层应当运用资源确保重点人员（即条款中所列举的履行 4 个方面岗位职责的人员）的能力。该标准条款描述了应当达到的状态，而具体的实现方式需要各个机构结合自身实际进行确定。例如，确定人员最低的受教育和培训程度要求，通过实施结构化的培训项目并对培训记录进行评审等，以及要求在管理体系中涵盖人员能力监控的相关程序等。

二是对使用在培人员（staff who are undergoing training）的监督要求。在培人员既可能是新入职的人员，也可能是由于扩展能力范围、更新技术需要等而接受相关培训的在岗人员。该条款的关键是进行合适监督（appropriate

---

[①] 我国司法鉴定/法庭科学机构能力认可采用的基本准则 CNAS－CL 08 文件，覆盖了 ISO/IEC 17025 所有的管理要求和技术要求，并吸收了 ISO/IEC 17020 以及 ILAC－G 19 指南文件的部分内容。

supervision)。例如，明确处于在培状态的新入职人员只能够在有关人员的监督下实施某些活动，而不能单独开展，如使用某些仪器设备等。

三是人员资格确认的需要和依据。认可现场评审环节中需要接受评审的人员，包括"技术人员""督导人员""管理人员"和"负责给予意见和诠释的人员"。对这些人员所进行的资格确认工作，将能够有效确保其具备开展特定工作所需要的能力。

ISO/IEC 17025 条款 5.2.1 和几个相关国家（地区）认可计划应用/补充准则的有关条款内容的对照见表 2－2。

表 2－2　ISO/IEC 17025：2005 条款 5.2.1 和几个国家（地区）
应用/补充准则的要求一览

基本准则	CNAS－CL 01：2006 （ISO/IEC 17025：2005 IDT）	
	条款号	内　容
	5.2.1	实验室管理者应确保所有操作专门设备、从事检测和/或校准、评价结果、签署检测报告和校准证书的人员的能力。当使用在培员工时，应对其安排适当的监督。对从事特定工作的人员，应按要求根据相应的教育、培训、经验和/或可证明的技能进行资格确认。
美国	ASCLD/LAB－International Supplemental Requirements （Testing）（2011）	
	条款号	内　容
	5.2.1	备注 3：记录宜（should）足够详尽，以作为客观证据表明从事特定工作的人员已接受合适培训，并且证明人员实施这些工作所要求的后续能力已经过正式评估。
	5.2.1.1	实验室应有文件化培训项目用于对人员的知识、技能以及实施检测所需的能力进行培训。实验室管理体系应包括再培训和维持技能和专业的程序。
	5.2.1.2	只要可行之时，培训项目应涵盖人员出席法庭进行作证的培训内容。
	5.2.1.3	培训项目应涵盖法庭科学伦理规范、法庭科学通用知识以及合适的刑事和民事诉讼程序法律规定的内容。

续表

ANAB ISO/IEC 17025：2005 Forensic Science Testing Laboratories Accreditation Requirements (AR 3028：2017)		

<table>
<tr><th colspan="3" rowspan="2">美国</th></tr>
<tr></tr>
</table>

	条款号	内容
美国	5.2.1.1	负责签发包含一项或系列检测结果、意见或诠释内容的报告的人员，应当满足下列最低程度教育要求： **专业领域 / 最低程度教育要求** 生物学、野生动物、燃烧残留物和爆炸物、矿物物质、射击残留物、微量物质、毒品、毒理学 → 应获得化学、物理学、生物学或法证科学专业学士或更高级别学位（advanced degree） 血迹形态分析、枪弹/工具痕迹、鞋印和轮胎印痕、文件鉴辨、乳突纹线印痕、电子物证、视频/图像技术和分析、犯罪现场勘查、火灾和爆炸案件现场勘查 → 应符合相关岗位职责描述的教育要求 人类学、灾难事故遇难者身份鉴识（DVI）、牙科学 → 应获得人类学、牙科学或医学专业的高级别学位
	5.2.1.2	实验室管理层应界定人员必须满足的最低程度教育和经历要求，以确保下列人员的能力： a）被委任为实验室主任的人员； b）被委任为技术管理层（ISO/IEC 17025：2005 条款 4.1.5）的人员； c）从事与检测（ISO/IEC 17025：2005 条款 5.2.5）有关特定工作的人员； d）从事与制作用于检验的证物（例如射击枪弹实验样本、图像、采集的微量物、DNA 拭子等）有关特定工作的人员。

SCC Requirements and Guidance for the Accreditation for Forensic Testing Laboratories（2017）		

	条款号	内容
加拿大	5.2.1	实验室宜制定政策以确保本机构工作人员有能力胜任所要求实施的工作。术语"能力"是指掌握规定的知识、技能和本领以履行职责。实验室的政策宜同时涵盖再培训和维持专业技能。 在确定测试或专门技术培训时，宜同时规定可接受的准则，例如，由有经验人员对相关测试或分析进行观察、界定对质量控制/质量保证样品实施分析的满意表现、与其他经过培训的人员所获结果的相关性等。在需要之时，培训项目宜涵盖人员出席法庭进行作证的培训内容。

NATA Forensic Science：ISO/IEC 17025 Application Document（2015）		

	条款号	内容
澳大利亚	5.2	人员 分析人员/鉴定人员（Analysts/examiners） 分析人员/鉴定人员必须具有相关领域的高等教育学历资格（tertiary qualifications）和/或能够证明的相关领域的从业经验。

续表

英国	UK Home Office Forensic Science Regulator—Codes（2016）	
	条款号	内　容
	17　技术要求（ISO 17025：2005 条款 5.2）	
	17.3　培训	
	17.3.1	鉴定机构所属各成员，包括合约雇员，应维持教育、培训、技能和经验的合适记录（包括持续专业发展方面的记录）并且是足够详尽的，以证明人员经过合适培训和正式评定。这些记录应易于获取。
	18　能力	
	18.1.1	应定期重新评审人员的能力以确保其获得维持并且是及时更新的。
	18.1.3	鉴定机构应有政策和程序以在发现人员能力下降时采取相应补救措施。
	18.1.4	鉴定机构应为各个技术岗位规定合适的人员能力框架。
我国香港特别行政区	HOKLAS Supplementary Criteria No. 42 "Forensic Testing" Test Category（2015）	
	条款号	内　容
	9　人员	
	9.1	化验师/鉴证人员应具有与所从事科学鉴证和出庭提供专家证言活动相称的受教育/培训经历；其应具有自然科学、物证技术学（criminalistics）或者与其最接近的相关领域的学士或更高级别的学位。对基于个案经验积累的化验/鉴证人员，具有较低的学术资格也可能会被接受，但其必须具有在相关鉴证领域从业至少 10 年以上的丰富经验，并接受过与其所负责实施的科学鉴证工作有关的充足训练。以相关专业资格代替学术资格也可被考虑为是符合要求的。对每一个科学鉴证专业领域所需的最低程度资格和经验要求，特别是涉及结果诠释的领域，必须由实验所清晰地界定并予以文件化。
	9.2	实验室应为新招募人员制定有效的程序，并宜规定所需要实施的培训和监督活动。经过文件化的培训项目应能为人员提供实施科学鉴证工作所需要的知识、技能和本领。实验室的管理体系应同时覆盖持续培训和能力、技巧和专业维持的程序。

2. ISO/IEC17025 条款 5.2.2 和相关说明/补充要求

ISO/IEC 17025 标准条款 5.2.2 主文内容分为 4 个层次。第一，实验室管理层为实验室人员制定关于教育、培训和技能方面的目标。这些目标应当构成实验室文件化的记录体系的一部分。第二，通过实验室政策和程序为培训需求识别和人员培训实施提供保障。第三，要求培训计划与机构任务需求的一致性。第四，对培训活动实效性（effectiveness）进行评价的要求。ISO/IEC 17025 标准条款 5.2.2 和有关条款内容的对照见表 2—3。

表 2-3 ISO/IEC 17025：2005 条款 5.2.2 和几个国家（地区）
应用/补充准则的要求一览

基本准则	CNAS-CL 01：2006 (ISO/IEC 17025：2005 IDT)	
	条款号	内容
	5.2.2	实验室管理者应制定实验室人员的教育、培训和技能目标。应有确定培训需求和提供人员培训的政策和程序。培训计划应与实验室当前和预期的任务相适应。应评价这些培训活动的有效性。
美国	ASCLD/LAB-International Supplemental Requirements (Testing) 2011 Edition	
	条款号	内容
	5.2.2	备注1：实验室制定的人员发展政策宜为有关人员发展提供各种机会，例如加入专业团体，参加技术和/或专业发展课程、学术会议和研讨会等。
		备注2：人员发展项目宜陈述员工如何能够参与其中及在申请参加培训后所需要参与的后续程序。实验室所要求的特别选拔准则宜清晰陈述。重要的是人员发展项目能够标明人员、实验室各部门以及实验室整体发展的规划。实验室宜形成一种鼓励人员完善知识和技能、独立成长，并充分发展其潜力的氛围。
		备注3：实验室宜制定清楚记载的并且能被充分理解的人员评估实施和个人目标制订程序。
	ANAB ISO/IEC 17025：2005 Forensic Science Testing Laboratories Accreditation Requirements (AR 3028：2017)	
	条款号	内容
	5.2.2.1	人员培训项目，根据工作岗位职责需要所确定，应包括下列内容：a) 实施工作所需要的知识、技能和本领；b) 法庭科学通用知识；c) 法庭科学伦理规范的实际运用；d) 刑事法、民事法，以及出庭作证；e) 再培训；f) 专业和技能的维持；g) 可被接受的表现准则。 备注1：如果人员过往所从事工作的经历和曾经接受过的培训被证明是相关的和充分的，则这些经历和培训将可能成为培训项目的部分替代。 备注2：ISO/IEC 17025：2005 条款 5.7 将可能适用于人员培训项目。
	5.2.2.2	所有人员不论其学历资格或过往工作经历，在从事证物检测或为检测提供证物而实施特定工作之前均应完成能力测试 (competency tests) 并达到预期结果。人员能力测试项目在最低程度上须涵盖所需实施工作范围领域内的实务考查项目，如合适之时包括签发检测报告和提供专家证言。 备注：能力测试可针对培训项目一个模块单元中所涵盖的一项或多项任务。
加拿大	SCC Requirements and Guidance for the Accreditation for Forensic Testing Laboratories (2017)	
	条款号	内容
		无对应的补充要求或说明。

续表

澳大利亚	NATA Forensic Science：ISO/IEC 17025 Application Document（2015）	
	条款号	内 容
	5.2.2	人员培训
		机构必须为每一个分支专业制定文件化的培训项目并包括： 在授权独立开展工作前对各专业的所有新入职员工实施首次能力评定，其涵盖以下方面： • 对本领域现有专业文献理解的考查； • 对已知和未知材料进行检验和鉴别的结果审查； • 对于犯罪现场勘查，必须涵盖对一个犯罪现场独立进行评估。 宜制定人员评估实施的程序并加以文件化。 备注：机构培训项目的重点和教学内容宜放在为达到特定领域工作最低能力要求和良好实验室操作所需知识和技能方面。 在必要时，培训项目应包括出庭作证的内容。 所有分析/检验员必须能够清楚说明与所指派执行工作任务有关的概念并能在法庭上提供意见。在培人员在作为专家证人出庭作证之前必须接受过合适的训练。这可能包括模拟法庭演练、实际案件的法庭观摩以及研读合适的培训材料等。 机构必须为每个专业领域提供资料室或使其接触到当前出版的书籍、期刊或其他文献。

英国	UK Home Office Forensic Science Regulator—Codes（2016）	
	条款号	内 容
	18 能力	
	18.1.2	鉴定机构关于人员持续能力的政策和程序宜考虑司法机关提出的涉及可能降低人员可靠性方面的负面评价和投诉。

我国香港特别行政区	HOKLAS Supplementary Criteria No. 42 "Forensic Testing" Test Category（2015）	
	条款号	内 容
	9 人员	
	9.4	法证科学任何一个检测领域内的所有化验/鉴证人员，不论所获学术资格或过往从业经历，均必须表明其具备对所实施科学鉴证活动所涉及原理、仪器设备使用和界限、采用方法和程序具有一定的理解。
	9.5	所有化验/鉴证人员在获准独立实施某一个科学鉴证专业检测领域的检案任务之前，必须顺利通过该专业领域的能力评定。
	9.7	实验室必须为每个专业领域提供或维持访问有关书籍、期刊和其他文献资源的途径。 备注 12：顺利通过一项能力评定是指达到预期结果。在无法达到预期结果时，将需要对人员进行评审或者实施再培训，直至测试结果表明已经达到预期结果。 备注 13：能力评定宜涵盖对现有文献理解的评估、书面/口头形式考试、对已知和未知材料实施检验和鉴别等。

3. ISO/IEC 17025 条款 5.2.3 和相关说明/补充要求

ISO/IEC 17025 条款 5.2.3 主文内容包括两个方面。一是实验室人员雇佣性质结构的原则性规定。二是对于技术支持人员的监督规定。基于技术和关键支持人员性质，将其纳入并确保符合管理体系运作的要求，对保证技术支持工作以及整个鉴定工作的质量是必不可少的。有关认可要求一览见表2-4。

表 2-4　ISO/IEC 17025：2005 条款 5.2.3 和几个国家（地区）

应用/补充准则的要求一览

基本准则	CNAS—CL 01：2006（ISO/IEC 17025：2005 IDT）	
	条款号	内容
	5.2.3	实验室应使用长期雇佣人员或签约人员。在使用签约人员及其他的技术人员及关键支持人员时，实验室应确保这些人员是胜任的且受到监督，并按照实验室管理体系要求工作。
美国	ASCLD/LAB—International Supplemental Requirements（Testing）2011 Edition	
	条款号	内容
	5.2.6	技术人员资格
	5.2.6.1.5	为各专业领域提供技术支持的技术人员（不论其称谓如何）应当满足特定岗位职责描述中的教育要求。
英国	UK Home Office Forensic Science Regulator—Codes（2016）	
	条款号	内容
	17.1	人员
	17.1.2	鉴定机构所有人员，不论是正式的或临时的，所签订的合同必须包括保密协议、对于个人和机构所应承担的信息安全职责以及该人员所被期待实施工作表现的详细要求。
	17.2	行为守则
	17.2.1	鉴定机构必须制定与法庭科学监管局行为守则要求相符合的守则；宜对人员进行宣贯，以使其明确本机构的行为守则与管理体系目标之间的关联性。
我国香港特别行政区	HOKLAS Supplementary Criteria No. 42 "Forensic Testing" Test Category（2015）	
	条款号	内容
	9.8	技术支持人员，不论其学历资格或过往工作经历，在被授权独立负责执行可能合理地被期待影响实验室报告的任何测试或校准结果的任何工作任务前，均必须顺利通过能力评定。

4. ISO/IEC 17025 条款 5.2.4 和相关说明/补充要求

ISO/IEC 17025 条款 5.2.4 主文内容要求，实验室应维持涉及检测活动的管理、技术和关键支持人员的工作描述。该条款的备注解释了规定这些人员工作描述的具体方式，如最低限度方面，应通过界定具体职责、资格和培训计划等形式加以描述。鉴定机构中，涉及鉴定活动的管理、技术和关键支持人员工作描述是评价其能力适宜性的重要依据。

5. ISO/IEC 17025 条款 5.2.5 和相关说明/补充要求

ISO/IEC 17025 标准条款 5.2.5 主文内容分为 3 个方面。一是人员岗位授权，即对 5 类人员建立授权制度。二是保留人员相关记录要求。三是人员相关记录应包含授权和能力确认的日期，并且是易于获取的。相关要求对照参见表 2—5。

表 2—5 ISO/IEC 17025：2005 条款 5.2.5 和几个国家（地区）
应用/补充准则的要求一览

基本准则	CNAS—CL 01：2006 (ISO/IEC 17025：2005 IDT)	
	条款号	内 容
	5.2.5	管理层应授权专门人员进行特定类型的抽样、检测和/或校准、签发检测报告和校准证书、提出意见和解释以及操作特定类型的设备。实验室应保留所有技术人员（包括签约人员）的相关授权、能力、教育和专业资格、培训、技能和经验的记录，并包含授权和/或能力确认的日期。这些信息应易于获取。
美国	ANAB ISO/IEC 17025：2005 Forensic Science Testing Laboratories Accreditation Requirements （AR 3028：2017）	
	条款号	内 容
	5.2.5	在可行之时，管理层的授权应涵盖： a）对检测记录和相关检测报告实施技术复核工作的人员； b）为检测提供证物而实施特定工作任务的人员。
加拿大	SCC Requirements and Guidance for the Accreditation for Forensic Testing Laboratories （2017）	
	条款号	内 容
	5.2.5	实验室宜针对各项工作所要求的能力进行清晰陈述，而且维持有关记录以表明所有人员是能够胜任其工作的。 各实验室或部门宜保持一份人员所受培训的最新记录。这些记录应包括人员在实验室工作期间所获得的学术和专业资格、人员参加的外部或内部课程以及相关培训（如需要之时，再培训）。 记录宜足够详细以能表明实施特定任务人员已经过合适培训并且表明实施这些任务的后续能力已经过正式评估。

续表

	NATA Forensic Science：ISO/IEC 17025 Application Document（2015）	
	条款号	内　容
澳大利亚	5.2.5	人员培训记录在最低程度上必须包括：任职情况，相关学历资格，参加的内部和外部培训课程，持续能力评估结果，所参加学术会议、研讨会以及研修，出版发表的论著，独立开展案件相关工作的授权。 在评审过程中，将可能要求人员提供正式的资格证书和专业组织会员资格作为客观证据。
		人员能力 可通过下列方式对人员能力进行评定：参加能力验证和实验室比对活动，评审对质量控制样品和测试中的标准样品进行测试结果，对常规工作程序的直接观察，评估人员知识和理解能力，独立评审所实施工作，对出庭作证活动进行监督，对案件档案实施同行评审，听取客户反馈等。 机构必须有文件化程序规定对所有人员实施评审的频次（包括再培训）。
		出庭作证监督 机构必须有文件化的程序以规定对人员出庭作证情况进行监督，包括：监督频次；实施评估的人员，对分析/检验员的客观性、仪表、沉着自信、交叉询问环节中的表现以及作证的有效性（如技术知识、以能够被理解的词汇传递科学概念等）进行评审，如评审后发现未能达到预期效果的相应补救措施，应及时向分析/检验员进行反馈。 机构将可能选择下列方法的组合以实施监督：对工作记录的评审，获取出庭律师（barrister）反馈，参加正式的模拟法庭演练。 应将实施各项评估的日期和实施人员等细节进行记录并保留该记录。
英国	UK Home Office Forensic Science Regulator—Codes（2016）	
	条款号	内　容
	17.3　培训	
	17.3.1	……记录应当包括，但不限于：a. 学术和/或专业资格；b. 参加的内部/外部课程，受鉴定机构雇佣期间接受的相关培训/再培训，针对重大申诉、错误或者司法机关负面反馈信息而实施的补救措施，经过评审确认为具备能力实施的工作任务以及相应授权，以及能力确认和作出授权的时间。
	17.3.2	培训体系必须是经过文件化的，并且鉴定机构必须制定与案件档案保留相同的训练手册和训练记录的保留政策。

续表

	HOKLAS Supplementary Criteria No. 42 "Forensic Testing" Test Category（2015）	
我国香港特别行政区	条款号	内　容
	9　人员	
	9.3	应当维持的人员最新训练记录包括，但不限于下列内容：相关学历资格和出版发表论著，参加实验室培训项目的情况，参与的内部和外部训练课程，所参加的会议、研讨和研修活动。 训练记录应当足够详尽以证明各名人员经过合适培训，其能够经过正式评审以及所实施的特定检测或工作是经过授权的。
		备注11：……培训项目可以是一个基本框架并索引至已在其他实验室文件中描述的更为详细的培训单元模块。各专业领域培训项目应是独立地维持的。

二、物证鉴定领域人员能力管理要求的实现

笔者认为，从鉴定质量管理的立场分析，能够将法律、认可准则和技术标准（规范）要求，本机构当前和预期业务需求，以及人员（能力）结构特点三个方面有机结合的人员能力管理方式和途径，才是实现质量目标所需要的，也才能产生实际效果。上述有关认可准则中人员的要求规定为人们开展人员能力管理提供了对照依据，其所描述的是物证鉴定机构应当实现或做到的"应然"状态；具体如何实现，则应当由每个物证鉴定机构加以确定，其方式必然是多种多样的。因而，此处主要是从学理层面上阐述实现物证鉴定领域人员能力管理要求的一般化过程和常规措施。

（一）根据物证鉴定一般过程确立不同岗位人员能力需求，进行相应岗位的工作描述

如上文述及，物证鉴定的一般过程是从犯罪现场勘查开始的，并以出具物证鉴定意见报告和出席法庭作证（例如，提供专家证言并接受交叉询问）作为结束。同时，在实施任何形式的物证勘查、检验、鉴定、诠释、报告等技术活动之前，鉴定机构和人员应做好充分准备。因此，从更加结构化的角度来看，结合不同类型案件的情况，可将物证鉴定一般过程划分为若干个基本单元（units）；各基本单元均有相应的人员能力要素（elements）加以支撑；而每一个能力要素均可以被识别出若干项具体的人员工作表现准则（performance criteria）、相应的知识和理解（knowledge and understands）要求。人员工作表现准则是对物证鉴定过程不同单元涉及人员岗位工作能力要求的具体化，在

缺乏国家统一职业标准和资格条件的前提下，有必要充分借助专业团体的力量对此进行研究和确定。可见，在实施人员能力管理的第一阶段，物证鉴定机构需要针对业务实际情况确立岗位工作的人员能力需求并进行描述。岗位工作描述的核心任务是对某一岗位的工作职责范围、实施该特定工作任务的人员能力要素的需求（含资格要求）、所期待的具体工作表现准则等内容予以明确，其客观表现形式是所形成的相应工作描述文件和记录。

（二）针对岗位工作描述和能力需求开展培训，对人员能力进行评估（定）

开展培训是物证鉴定机构确保人员能够胜任所实施特定工作任务的基本途径。人员培训、机构发展之间应当是辩证统一的。同时，人员培训目标、培训结果与人员岗位能力要素要求和工作表现准则也必须具备一致性，即：物证鉴定过程单元是培训活动的基本目标对象；物证鉴定过程单元中的能力要素要求应当成为培训活动的学习和训练结果；物证鉴定过程单元能力要素要求对应的工作表现准则以及整个单元的知识和理解要求，应当成为评价培训活动效果的基本准则。当然，评价培训活动和项目的效果涉及的因素很多，其中，培训实施方本身的能力、培训项目的针对性是重要的考量因素。例如，当采用鉴定机构外部的培训项目时，应当注意考察培训实施方的能力，并形成相应记录；而评价某一具体培训项目是否具有针对性时，既要注意考察培训所采用的材料、仪器设备等是否充分地反映了本机构的日常业务和运作实际情况，又要注意考察这些培训项目是否反映了受培训对象能力发展阶段的实际情况等。另外，由于培训并非人员能力的必然保证①，在获得正确支持条件下，培训可能会成为帮助人员发展能力的过程的一个部分。② 在人员能力管理的过程中，开展培训必须与培训效果的评价相连，并以人员培训的结果评价作为人员能力评估的必要输入。对人员能力进行正式评估（评定），是进行岗位授权的必要前提，其依据的是多方面因素，而且可以采用的方式也是十分灵活的。

例如，专业团体欧洲法庭科学机构网（ENFSI）在其发布的《笔迹司法鉴定最佳操作手册》中列举了典型的笔迹司法鉴定人能力评定方式，具体包括实务考查、书面及口头考试、角色练习（如模拟法庭）、在密切监督下从事实际

---

① KIRK P L. The ontogeny of criminalistics [J]. The journal of criminal law, criminology, and police science，1963（2）：237.

② KEITH HADLEY, MICHAEL J FEREDAY. Ensuring competent performance in forensic practice－ recovery, analysis, interpretation, and reporting [M]. Boca Raton：CRC Press，2008：62.

检验工作、由机构以及外部专家对过往业绩（包括成功完成能力验证计划的结果）进行审查等具体手段及其组合。①

又如，澳大利亚在开展犯罪现场勘查专业人员认证项目时，采用了综合的能力评价方法——评价中心方法（Assessment Center，AC）。对申请认证人员所实施的 AC 考查活动依次由实务考查、书面考查和口头考查 3 个环节组成，这 3 个环节一般在同一天完成。应试者如未能通过其中任意一个环节，则被判定为未通过 AC 考查。

1. 实务考查环节

该环节主要考查应试者的技术知识、现场实地勘验以及现场勘查管理的技能。应试者通过浏览交互式计算机媒体当中存储的由考查组织方预先在实际发生的严重/系列刑事案件现场拍摄（通常使用数码全景摄像系统）制作的案例材料，经过 1 个小时准备（包括制作相应记录等），最后以口头方式向在场的评审小组进行口头报告。报告的内容包括现场上应当采取的初步应对措施和需要实施的证据处理工作。评审员对应试者的口头报告进行书面记录。

2. 书面考查环节

该环节侧重于考查应试者准确记录现场实地勘验和证物提取方面信息的能力。应试者在上一环节准备阶段所制作的记录，可被允许在本环节中继续使用。应试者应当按照要求制作一份预制格式的勘查报告并需要详细阐明：①在上一环节中所报告的在犯罪现场上应被提取的证物的理论依据是什么？②将会对该证物进行哪些具体项目的法证分析？③这些法证分析活动实施先后的次序如何以及预期效果是什么？这份勘查报告作为本环节的结果，由应试者提交给评审小组。

3. 口头考查环节

口头考查环节采用面试形式。应试者需提前两个月向评审小组提交 3 份本人完成的案件报告副本，评审小组综合决定从中选择一例作为考查实施当日所讨论的案例，并提前通知应试者。这些案例首先应为已经办结的案件，具备较

---

① EUROPEAN NETWORK OF FORENSIC SCIENCE INSTITUTES. Best practice manual for the forensic examination of handwriting：ENFSI-BPM-FHX-01（Edition 03）[EB/OL]．(2020-10-01)［2022-01-30］．https://enfsi. eu/wp-content/uploads/2021/01/BPM-Handwriting-%E2%80%94-Edition-3. pdf：6-7.

为复杂的刑事案件现场构成特征，而且需要覆盖由应试者所完成的与严重刑事案件/系列刑事案件或事件有关的工作内容。提交评审使用的材料仅需为案件中与法证方面相关的内容，而且在口头考查环节中，评审小组也将仅就案例所涉及的法证方面的内容询问应试者。评审人员根据申请人在 AC 考查中的表现，决定是否向认证委员会推荐该人员予以认证。①

综上，在涉及培训、人员能力评价和岗位授权的问题上，应当坚持的一个基本观点是：不论人员持有何种等级的学历资格和从业经验，只有当人员能够顺利地完成培训项目，表明能够按照本鉴定机构的管理体系要求、标准操作规程实施特定工作任务，并且确实具备胜任工作的能力，其才能够被授权从事相关工作。

（三）实施岗位授权并开展定期的能力监督

岗位授权是重要的管理措施和手段。现代司法鉴定机构是一个高度组织化的社会实体，其管理层，特别是负有领导、决策等责任的集体，应当代表并且反映全体鉴定人、工作人员和利益相关方的意志——维护大多数人的利益。从理论上看，必须以明确的、边界相对清晰的规定，确立鉴定人本身应当具备的条件、标准（包括用以细化标准的若干指标及其体系），并且经过审查、评议、考核等刚性程序，方能够让他人承担鉴定任务并从事鉴定。只有群体中最合适的人选从事最合适的工作，才有获得事业最大可能性的成功。这是鉴定机构中必须设置岗位授权制度的理论依据。对于鉴定机构而言，有无岗位授权和准入制度的设置，具体制度设置是否反映本机构的实际，以及制度是否获得严格执行，应当成为评价该机构在鉴定质量管理体系建设和人员能力管理实效方面的重要观测点。

在质量管理范畴下，实验室管理层实施岗位授权的对象人员重点是"进行特定类型的抽样""进行检测和/或校准""签发检测报告和校准证书""提出意见和解释""操作特定类型的设备"的人员。物证鉴定机构管理层需要通过开展正式的评估（评定），即将通过客观证据表现出的鉴定人的知识、技巧和素质与既定的准则进行对照，以此表明人员是否具备胜任岗位工作的能力。结合人员日常业务工作，开展持续的能力监督，当出现鉴定人能力水平下降或偏离

---

① AUSTRALASIAN FORENSIC FIELD SCIENCES ACCREDITATION BOARD. Policy and processes for accreditation [EB/OL]. (2021-11-30) [2022-01-30]. https://www.anzpaa.org.au/ArticleDocuments/508/AFSAB%20Policy%20and%20Processes%20for%20Certification%20November%202021%20v6.0.pdf.aspx：17-18.

同行表现的情况时，鉴定机构应有相应程序暂停甚至取消其岗位授权。

一般而言，从机制上看，应当将鉴定人岗位的授权设置为有期限的授权[①]，并通过定期评估（一般将评估和年度考核相结合），决定是否继续予以授权。由于物证鉴定广泛涉及高度依赖专业判断的分支专业领域，如指纹、笔迹、印章印文等鉴定，因此，应当通过文件化的政策和程序要求鉴定人员（必要时包括负责技术复核的人员）定期接受能力评估。

能力评估的基本内容包括从事技术鉴定以及出庭作证两个方面。前者主要对其在一定周期内出具的报告进行技术复核，评估个人参加能力验证或实验室比对计划的表现等；后者则包括复核其出庭作证制作的"出庭记录"以及在内部训练的"模拟法庭"中的表现等。对鉴定人能力评估的结果，应作为是否继续给予岗位授权的主要依据，如不能通过，则在下一个周期暂停其岗位授权；若连续在一定周期（如连续三次评估）内仍然未能通过评估，则取消岗位授权。

同时，应当指出，所谓的暂停、取消岗位授权，是指暂停、取消其在鉴定机构内进行笔迹鉴定的授权，而不是暂停或取消其执业，这名鉴定人可能仍具备从事物证鉴定其他分支专业领域内（如微量物证等）的检验鉴定能力。物证鉴定机构有必要通过文件化的政策和实际努力，特别是管理层应在鉴定机构内部创立一种较为理性的氛围，形成岗位授权的动态调整机制，使得全体鉴定人不会将获得岗位授权视为一种"身份象征"或"资格"；相反，获得以及维持岗位授权更多的是相关人员肩上的责任，是对本机构、本行业的声誉以及社会公平正义所应有的责任。

三、能力验证在人员能力管理中的运用

在质量管理的宏观政策层面上，能力验证与现场评审通常是一国合格评定认可机构对申请认可的合格评定机构（即认证机构、实验室和检验机构等）能力进行评价的两种主要方式。按照规定的频次参加能力验证计划/实验室间比对（PT/ILC），是鉴定机构质量保证的重要措施，也是相关认可准则的基本要求[②]；从人员能力监督这一微观层面而言，鉴定机构设置人员参加内部或外部

[①] 一般情况下，这个期限一般可以为1~3年，并与物证鉴定机构管理评审的周期相匹配。

[②] 鉴定机构参加能力验证计划/实验室间比对所获得的结果，是机构管理评审的重要输入，也是鉴定结果质量保证的基本内容。参见《司法鉴定/法庭科学机构能力认可准则》（CNAS-CL 08：2013）条款 4.15.1 和条款 5.9.1（b）。

能力验证计划的政策和程序并对所获结果进行评审，是了解和监督人员能力的必要手段。

（一）能力验证概述

实验室间比对（Inter－Laboratory Comparison）是指按照预先规定的条件，由两个或多个实验室对相同或类似的物品进行测量或检测的组织、实施和评价。能力验证（Proficiency Testing）则是利用实验室间比对，按照预先指定的准则评价参加者的能力。能力验证计划就是在检测、测量、校准或检验的某个特定领域，设计和运作的一轮或多轮次能力验证。[1] 能力验证计划通过规范的组织运作，充分吸收同行的力量，对实验室能力进行客观评价，对完善和强化实验室质量管理体系，增强和提高实验室的市场竞争力具有重要的实际意义，并能够"监控持续能力""识别存在问题""确定新方法有效性和可比性"以及"使客户充分信任，增强实验室的自信心"[2]。

（二）法庭科学领域相关认可准则对运用能力验证的要求

在认可基本准则层面，一般要求鉴定机构应当根据业务需求实施有效的质量保证和控制计划，并且参加能力验证计划，作为保证鉴定结果可靠性和人员能力的有效措施。例如，CL 08 文件指出，鉴定机构应有质量控制程序以监控鉴定的有效性，整个质量控制计划应当是"有计划并经评审的"，其可能包括"参加实验室间的比对或能力验证计划"等方式；同时，应根据"专业特点、规范要求、技术风险、人员能力以及所进行工作的类型和数量"，确定所采取的质量控制的具体形式和相应的控制要求。[3]

不同国家（地区）认可项目应用准则对此有相应的细化解释和补充。

例如，美国 ANAB 17025 法庭科学认可项目补充准则要求[4]，鉴定机构必须使用本机构内已获通过的方法和程序实施能力验证计划的相关检验，并应当在实施能力验证计划前对成功完成能力验证计划的准则进行界定。在参加能力

---

　　① 参见《能力验证规则》（CNAS－RL 02：2018）条款 3.1 至 3.3。

　　② 王承忠. 实验室间比对的能力验证及稳健统计技术　第一讲　能力验证的基本概念及活动的组织和设计 [J]. 理化检验（物理分册），2004（7）：373.

　　③ 参见《司法鉴定/法庭科学机构能力认可准则》（CNAS－CL 08：2013）条款 5.9.1 和条款 5.9.2。

　　④ ANSI－ASQ NATIONAL ACCREDITATION BOARD. AR 3125，ISO/IEC 17025：2017 Forensic testing and calibration laboratories accreditation requirements [EB/OL]. (2019－04－29) [2022－01－30]. https://anab.qualtraxcloud.com/ShowDocument.aspx?ID=12371:13－14.

验证计划的对象方面，ANAB 认可应用准则指出，仅对检测/分析活动或者报告撰写的活动进行验证均被认为是实施检测工作；能力验证计划的参加要求规定也适用于实施相关检测以及签发报告的人员。

又如，澳大利亚 NATA 17025 法庭科学认可项目应用准则（即整个 17025 认可项目的应用准则）要求①，能力验证样品/物品宜尽可能按照日常检案处置方式进行检验，并且应当采用本机构常规的测试程序；应对人员参加能力验证计划的表现进行评审，向所有参加能力验证计划的人员提供反馈，以及在需要之时，采取相应的纠正措施并进行详细记录。为了获取能力验证计划的最大利益，机构宜将重心放在参加能力验证计划项目所带来的教育意义上，并且在采取纠正措施时避免采用惩罚性方法。

再如，我国香港特别行政区 HKAS−HOKLAS 法证检测认可项目补充准则文件要求②，为了申请认可或维持认可，实验室应定期参加有关专业领域外部能力验证计划项目。其中，参加频次为至少每年一次，覆盖的范围为每一个认可能力领域和主要的子领域。在外部能力验证计划项目不可获时，实验室应实施适合内部能力验证；应由对化验/鉴证员负有督导职责的人员以及机构的质量经理对其在能力验证计划的表现进行评审；在识别出不满意表现时必须采取相应纠正措施。另外，该补充准则指出，在不改变能力测试意图特点的前提下，可将能力验证样品分发给不同的化验/鉴证员进行检验。

（三）运用能力验证计划管理人员能力

参加能力验证计划是识别人员能力，保证其实施物证勘查、检验和鉴定结果可靠性的有效措施。总体而言，机构参加能力验证计划的项目和程序始终是根据专业的最佳实践要求确定的。鉴定机构在策划人员参加能力验证计划的频次时，除对照有关认可准则规范要求外，还应充分考虑物证鉴定各分支专业之间的差别以及本机构人员能力和获授权工作的结构特点。对于需要依赖较多专业判断的分支领域，如笔迹、指纹等鉴定，作为基本要求，有如下两方面的注意事项。

---

① NATIONAL ASSOCIATION OF TESTING AUTHORITIES. General accreditation criteria−ISO/IEC 17025 standard application document [EB/OL]. (2018−04−01) [2022−01−30]. https://nata. com. au/files/2021/05/ISO−IEC−17025−Standard−Application−Document−2017:9.

② HONG KONG ACCREDITATION SERVICE. HOKLAS Supplementary criteria no. 42−"forensic testing" test category (issue no. 5) [EB/OL]. (2021−11−29) [2022−01−30]. https://www. itc. gov. hk/en/quality/hkas/doc/SupplementaryCriteria/HOKLAS_SC−42. pdf:18−19.

一方面，应当要求每一名获授权的鉴定人员均参加（由获得有关认可的组织实施的）年度外部能力验证计划项目，同时，要考虑组织定期的季度性机构实验室间比对活动或者实施内部的能力验证计划，这有利于增强对鉴定人员专业判断能力的实时监控；而对于依靠仪器设备和人员专业判断的分支专业领域，如微量物证鉴定，除按照规定参加外部能力验证计划外，还应结合检测方法体系的更新（包括新仪器的使用）需要，开展不定期的实验室间比对活动。对于参加能力验证计划的人员范围，应当由机构在程序中予以明确规定。一般而言，经授权的鉴定人员、操作特定设备的技术人员以及相关技术支持人员，均应参加能力验证计划。例如，对于微量物证鉴定专业，建议鉴定人员和技术支持人员每年至少参加一次能力验证计划。同时，由于同一名鉴定人员可能会被授权对多类微量物证进行鉴定，因而，该名人员应当参加所被授权的微量物证鉴定子领域的年度能力验证计划。如在某年当中，获认可的能力验证计划提供方未提供某一类微量物证的外部能力验证计划项目时，鉴定机构应当考虑为其他类型的微量物证鉴定子领域组织实施实验室间比对活动（或提请区域性、行业性专业组织协调实施）。此外，由于能力验证计划可能未涉及相关类型物证的取样程序，因而，可考虑针对某一类微量物证的取样实施专门的内部能力验证计划项目。

另一方面，为了发挥能力验证计划的作用，机构应对能力验证计划过程进行相关记录，这些记录是开展其他有关评审活动的重要输入，如鉴定机构管理评审和内部审核等。所需要制作的记录大体包括：①能力验证计划所针对的专业领域；②测试样品的获取途径或制作方式；③参加能力验证计划的人员范围；④检验持续的期间（开始日期和完成测试提交结果的日期）；⑤支持所作结论的所有检验/分析数据；⑥参加能力验证计划所获得的结果；⑦所发现的任何偏离；⑧所实施的纠正措施（如有）；⑨对人员参加能力验证计划的表现和有关评审记录；⑩参加人员所提供的反馈信息等。

特别地，当人员参加能力验证计划过程中出现任何偏离，或者获得非预期结果时，应当通过已制定的程序对错误的种类进行区分，即区分是行政管理方面的错误（administrative errors）、设备系统方面的错误（systematic errors），还是分析/诠释中的错误（analytical/interpretation errors），并采取相应的程序调查成因，进而实施纠正措施。所谓行政管理方面的错误，如混淆了检材和样本、实施了不合适的样品贮存程序以及不完整记录等，机构应当按照已有的政策和程序实施纠正措施。如果是设备系统方面的错误导致能力验证中出现非预期结果或偏离，如仪器设备出现问题，则要求调取所涉仪器设备自上一次成功完成能力验证后至今，或者问题所产生的时间开始至今期间内的全部检案档案并进行复核。如涉及分析/诠释的错误，则必须立即对错误的成因和范围进行识别。该类问题所牵涉的层面可以是能力验证计划个案本身的，或者牵涉到一系列的相关检案，因此，只有及时、准确识别其牵涉范围，方能采取针对性的纠正措施。相应地，对涉及的人员可能需要采取再培训、暂停岗位授权以及对其所经办的检案进行全面技术复核等措施。

第三章　物证鉴定场所和设备的管理

第一节　概　述

物证鉴定场所，在广义上涵盖实施物证勘查、检验和鉴定专业活动的所有设施和环境条件（accommodation and environmental conditions），是影响物证鉴定质量的各种因素产生作用的场域。根据司法应用场合提出的基本原则和要求，物证如要具备证据资格，首先必须具有客观性和相关性，即物证从犯罪现场上或经过实验室措施被提取后，必须保持进行合适保全并维持保管记录的客观、完整。物证鉴定场所管理的目标是充分运用管理资源和措施，保证物证的安全、不变质，将发生证据污染或交叉污染的可能性降至最低，并且为物证的技术检验工作提供最合适的条件，这当中还包括职业安全和健康的条件。物证鉴定设备的管理主要是确保有关仪器、设备处于受控的状态，其包括对设备进行校正（校准）和常规维护，以及建立和运作一套满足仪器设备良好运作要求的政策和制度。ISO/IEC 17025、ISO/IEC 17020 等国际通行标准及其在法庭科学领域的相关应用和补充准则，为我们理解如何实施物证鉴定场所和设备管理提供了依据。

第二节　物证鉴定设施和环境条件的管理

一、物证鉴定机构宏观功能区域的划分

从安全管理的角度看，物证鉴定机构的区域大体上划分为接待区、通用操作区、控制区以及高级别安全控制区域，其安全防护（包括防火、防盗）和风

险等级一般依次递升。①

接待区（reception zones）通常是物证鉴定设施和环境条件管理的第一个控制节点，在这个节点上，通常采取常规管控措施。例如，由负责接待的工作人员在提供一般服务时进行安全管理和控制，并通过电话等方式与实验室内部相关工作人员联系。通过该节点后进入其他区域的人员必须经过批准。应当为访客发放胸卡（牌），并要求其在机构内部活动的过程中佩戴，使访客身份始终获得识别。

通用运作区域（common operational zones）是鉴定机构各类常规业务开展的区域，如鉴定材料交接、报告发送等。该区域人员流动性较大，需要由专门人员和各部门工作人员共同实施相关安全管理和控制。

控制区域（controlled zones）包括进行常规检验活动、仪器室以及摆放有证据存放箱、柜的房间等。控制区域管控的基本措施是只能由有关部门经过授权的人员进入，即实施访问限制和控制。访客一般只能访问这一层级区域。

高级别安全控制区域（high security control zones）一方面是指从事容易受到污染类型物证的检验、检测区域，例如微量物证、DNA 等，其必须处于检验分析人员直接控制下，在检验实施之时，需要实施严格访问控制和限制。另一方面，这个区域同时也是证物长期和短期贮存的物理空间，其环境条件必须能够确保证物在检验前、检验中和检验后均能避免丢失、变质和受污染，并且其完整性和可识别性能够被持续保持。特别地，对于存放受管制类物证（如精麻药品、毒品、枪支弹药、涉及淫秽和反动信息的数字化存储设备等），其访问控制和限制制度同时要符合机构所在司法辖区的有关立法规定。

二、物证鉴定机构空间设置和分配的管理要求

在物证鉴定机构微观层面的空间设置和分配方面，必须坚持充分性原则和协调性原则。所谓充分性原则，即为实现已经界定的工作表现准则、安全工作准则以及防止证物受到污染或交叉污染，而为人员、设备、材料、工具等与鉴定密切相关的要素提供充分的物理空间。所谓协调性原则，即物证鉴定机构在进行空间设置和分配时应当将预期功能和活动的可能性最大化，确保物证安全

① STANDARDS COUNCIL OF CANADA. SCC Requirements and guidance for the accreditation for forensic testing laboratories [EB/OL]. (2021—06—20) [2022—01—30]. https://www.scc.ca/en/system/files/publications/ASB _ RG _ Forensic-Laboratories _ v2 _ 2021—06—20.pdf：26—27.

性、保障机构运作的保密性要求，为员工提供安全和健康的工作环境等方面相协调、统一。①

在充分性方面，物证鉴定机构应当确保有存放勘查、检验、鉴定物证所使用的耗材、仪器、设备、工具和其他物品的充足空间；应当为人员提供进行文书工作，如撰写相关报告、制作同步工作记录等的充足空间；应有专门空间摆放手册文件记录、参考材料等；应为仪器设备的便利操作提供充足空间，包括为仪器设备的附属设施系统提供必要空间。特别地，应将不相容活动（incompatible activities）② 的相邻区域进行有效隔离。③

在协调性方面，物证鉴定机构有必要注意在不同类型工作区域之间进行物理上隔离的同时，兼顾工作便利性。例如，对于微量物证和 DNA 分析的部门，其有关功能区域设置应当兼顾便于使用和防污染管理的要求。如需将不同技术层级的工作区域就近设置时，必须通过科学、有效的制度设置，包括访问控制和工作记录要求等，确保在便利工作之余不会发生危害证据完整性和安全性的情形。

三、物证鉴定机构受控区域人员访问控制

所有人员进入受控区域前，均应当获得合适授权，包括进入区域和使用设备的授权。物证鉴定机构应有关于人员授权进入访问控制/限制区域的政策和程序，并在人员授权的基础上对应分配其在机构内部各个受控区域的访问权限。访问控制/限制的程序大体包括如下方面：第一，要求对实验室操作区域

---

① NATIONAL ASSOCIATION OF TESTING AUTHORITIES Specific accreditation criteria — ISO/IEC 17025 application document —legal (including forensic science) —appendix [EB/OL]. (2019−10−24) [2022−01−30]. https://nata. com. au/files/2021/05/Forensic−Science−ISO−IEC−17025−Appendix−effective−feb−2020. pdf: 7−9.

② 所谓不相容活动，在物证鉴定领域的例子，包括：对已扩增（un−amplified）DNA 的检验和未扩增 DNA 的检验、对高纯度毒品的检验和低纯度毒品的检验、对枪支的检验和射击残留物的检验、对助燃剂（accelerant）的检验和对火灾现场残留物的检验，以及对采集自嫌疑人、受害人以及犯罪现场上的物证的检验等。FORENSIC SCIENCE REGULATOR OF UK HOME OFFICE. Codes of practice and conduct for forensic science providers and practitioners in the criminal justice system （FSR−Codes, issue3） [EB/OL]. （2016−02−12） [2022−02−20]. https://assets. publishing. service. gov. uk/government/uploads/system/uploads/attachment _ data/file/499850/2016 _ 2 _ 11 _ − _ The _ Codes _ of _ Practice _ and _ Conduct _ − _ Issue _ 3. pdf: 24−25.

③ General requirements for the competence of testing and calibration laboratories （en）：ISO/IEC 17025: 2005 [S]. Geneva: International Organization for Standardization, International Electrotechnical Commission, 2005: 12.

的访问必须是可控制的和受限制的。实验室设施所有的内部和外部接口必须通过运用安全防范设备和相关手段加以控制，以防止非经授权人员进入；所有安全门必须闭锁或设置访问控制设备，只能由授权人员通过，而且所有门禁卡、钥匙等物品应当有唯一性标识并记录在案；应当设置探测非法进入、非授权进入操作区域的工作机制，特别注意实验室环境下的悬挂吊顶等空间。第二，除工作人员以外的其他人员，如访客和清洁人员、分包方等需进入操作区域，必须具备正当理由，并且一般应由实验室工作人员陪同；当访客进入鉴定机构操作区域时，应当遵从有限授权原则，不得赋予其无限制的访问授权。第三，应当明确访客和非运营时间段内有关工作人员因特殊原因需要进入本机构受控操作区域时，有关身份识别、情况和审批记录的程序。

四、物证鉴定机构环境监测和污染防范控制

一般而言，如果勘查、检验和鉴定活动的环境条件对于所获得的结果输出是具有关键意义的，物证鉴定机构必须规定实验室建筑内或将要实施检验和检测活动场所的环境条件，如光线、温度、湿度、通风、生物消毒、灰尘、电磁干扰、辐射、声级和振级等；同时，必须对这些特定的环境条件进行监控和记录。[①] 物证鉴定机构进行环境监控可能需要购置或设置相应的设备、工作区域、工作服装和耗材。例如，澳大利亚国家标准 AS 5388.1：2012 条款 9.5 规定，必须对用于法证检验的冰箱、冷冻室和冰柜进行温度监控和常规记录，或配备温度报警器；燃烧残留物必须被置于封闭的容器当中，其存放环境必须能够隔绝任何可能的引火性液体污染物。同时，存放环境应具备合适通风条件，以避免所存放样品中的挥发性化合物在空间内聚集。[②] 污染防范和控制是物证鉴定机构设施和场所管理的重要内容，其涉及方法、人员、过程等方面的考虑。总体上，要求物证鉴定机构必须制定与检案相关的污染预防、监测控制政策和程序，并且在检验、鉴定方法的研发过程中，污染控制也应当成为其中的一个考量方面。

---

① 参见《司法鉴定/法庭科学机构能力认可准则》（CNAS—CL 08：2013）条款 5.3.2.
② Forensic Analysis Part 1：Recognition recording recovery transport and storage of material：AS 5388.1—2012 [S]. Sydney：Standard Australia，2012：25-26.

制定污染控制程序的一般步骤包括①：第一，通过制作方法运作流程图（process mapping），进行生化危害因素或污染风险方面的分析，以识别出可能存在的污染源，如耗材选择、检测样品的传递过程等；第二，为方便运作各个阶段和控制点确立可接受的控制界限（control limits）准则，并明确监控要求，如监督频次设定等；第三，制定有关的预防和纠正措施②，并规定对有关设施进行常规和深入清洁/消除污染程序；第四，制定相关工作记录的要求，包括设计专门记录表格、明确记录保留期间等；第五，制定验证本机构污染控制体系是否符合预期用途目的的程序（该程序可以与鉴定机构年度内部审核一并进行）。

可能影响污染防治和控制程序实效的因素主要包括：是否限制并记录内部人员和外部访客进入相关区域，如犯罪现场、被羁押人员监管区域以及枪弹和毒品处置区域等的情况；是否有效地对不相容活动区域实施有效隔离；是否使用了即用即弃型设备，如手套、口罩和无纺布圆帽（mob caps）；是否准确、全面记录了物证检测和检验活动所使用的耗材和试剂；良好实验室操作的实施情况，如是否对待检证物进行覆盖和包装保护，以及是否经常更换清洁仪器设备的试剂等；良好内务操作（good housekeeping practices）的实施情况；机构和现场环境样品采集/监控情况；对有关场所、设备、家具、空间进行常规和深入清洁/消除污染的情况，包括从事清洁和消除污染工作的人员是否经过合适培训并且是胜任该项工作的、管理层对清洁/消除污染项目体系有效性所实施的定期评审情况等。

---

① FORENSIC SCIENCE REGULATOR OF UK HOME OFFICE. Codes of practice and conduct for forensic science providers and practitioners in the criminal justice system（FSR-Codes，issue3）［EB/OL］.（2016－02－12）［2022－02—20］. https://assets. publishing. service. gov. uk/government/uploads/system/uploads/attachment _ data/file/499850/2016 _ 2 _ 11 _ － _ The _ Codes _ of _ Practice _ and _ Conduct _ － _ Issue _ 3. pdf；24.

② 例如，ILAC-G 19 指南文件指出，在某些特殊情况下，如在检验中发现存在异常结果时，针对识别污染来源调查需要，应采集相关背景信息，如根据相应程序采集来自人员的或者访客的 DNA/手印/鞋印的信息。FSR-Codes 则进一步明确，这个方面的政策和程序应当至少包括情况报告的政策、采集信息格式、检索程序、对检索结果进行验证的程序、信息安全和访问控制、信息留置期限、信息共享（实验室间和鉴定机构之间）、获得被采集人同意以及发布形式等方面的内容。

五、物证现场勘查过程中与设施和环境管理的有关要求

在实施现场勘查前，负责实施勘查的物证鉴定机构需要确保犯罪现场及其上物证的完整性得以实现，并开展设施和环境管理方面的工作。其基本要求是：必须对设备（包括现场勘查活动所使用的各类机动车）及其周围环境进行风险分析，以便主动识别出可能存在的潜在污染源并进行记录；从体系上看，需要对相关清洁工作以及后续采用的监控措施等方面进行规划并执行对应的记录要求规定；同时，应当根据犯罪现场勘查活动的实际情况，针对每一个案件实施防治污染评估，以增强相关措施的有效性。[①]

一般而言，在设施和环境管理方面可考虑采用的基本措施包括：为避免现场和证物发生污染，要求所有勘查人员佩戴使用个人防护设备（例如穿戴手套和面罩），并且只允许负责实施勘验、检验和检测的人员进入现场；而为了避免现场和证物被毁损，可以考虑使用帐篷等物品进行遮挡。在实施程序方面，不同类型的犯罪现场，可能需要实施不同的设施和环境管理程序。

例如，ILAC-G 19 指南文件指出，对于普通犯罪的现场，例如入室盗窃，勘查员仅需携带基本防护设备并且一般不必对现场上实施入口控制；但对于较大的户外现场，则可能需要执行更多的边界控制、提取和保全证据的程序。对于那些普遍被称为"严重犯罪"（major crimes）的案件现场，例如强奸案或凶杀案件的现场，则需要严格注意控制和保全工作，包括：控制和限制人员进入犯罪现场，并在必要时建立一层以上的现场封锁线；保留所有进出犯罪现场人员的记录；要求所有进入现场的人员必须穿戴个人防护设备，以确保不会对现场造成污染；要求法庭科学机构人员必须及时处理在犯罪现场上使用或穿戴过的物品，以确保从犯罪现场上提取的证物不会受到影响。特别地，当有关现场不是由客户方进行控制并且无法由法庭科学机构进行控制时，应该对所有安全进入现场以及不受控制的人员、动物和其他客体进入现场的情况进行记录。[②]

---

①　UNITED KINGDOM ACCREDITATION SERVICES. Accreditation of bodies carrying out scene of crime examination (RG 201：2015 Edition 2) [EB/OL]. (2015-08-30) [2022-01-30]. https://www.ukas.com/wp-content/uploads/schedule_uploads/6456/RG—201-Accreditation-of-Bodies-Carrying-out-Scene-of-Crime-Examination.pdf：6，terms 6.2.3，6.2.4.

②　INTERNATIONAL LABORATORY ACCREDITATION COOPERATION. Modules in a forensic science process：ILAC G19：08/2014 [EB/OL]. (2014-08-26) [2020-02-20]. http://ilac.org/?ddownload=805：15，23.

六、物证鉴定机构职业健康和安全事务管理

法庭科学领域的职业健康和安全（Occupational Health and Safety，OH&S）问题逐渐引起各界的关注和重视，属于构成行业可持续发展的基本因素。① 相关要求已在一些国家（地区）法庭科学机构能力认可的准则体系当中得到体现。例如，原 ASCLD/LAB－International 项目的补充要求（2011版）专门设置条款作为对 ISO/IEC 17025：2005 标准条款 5.3 的补充要求，规定实验室应当制定健康和安全项目，并应通过客观证据（例如，安全培训记录、安全检查、实验室管理层采取的预防措施，或者由实验室人员采取的安全方面的措施）表明该项目计划运作良好。② 由于物证鉴定专业时常涉及各类有毒、有害物质性客体的勘查、检验、鉴定和处置活动，因此，物证鉴定机构有必要充分运用管理资源进行组织、指挥和控制，以制定和维持健康和安全方面的政策和计划，确保设施和环境的总体安全性，保障人员和证据的安全。

在管理层面，有如下三个具体要求③：第一，一般建议鉴定机构指定专门负责职业健康和安全事务的官员（不论其如何称谓），并且管理层应当授予其与岗位职责相适应的权力，专门监督本机构职业健康和安全项目规定是否得到遵守。第二，建议对鉴定机构制定的健康和安全项目进行监控并且至少每年开展一次内部审核，以确保该项目的相关要求得到满足。第三，在识别出与实验室健康、安全政策和程序的偏离时，应当实施合适的纠正措施。

在技术层面，作为基本原则，也有如下三个要求④：

---

① JAY SIEGEL, PEKKA SAUKKO. Encyclopedia of forensic sciences [M]. 2nd ed, New York: Academic Press /Elsevier Ltd. , 2013：535－541.

② AMERICAN SOCIETY OF CRIME LABORATORY DIRECTORS/LABORATORY ACCREDITATION BOARD. ASCLD/LAB － International Supplemental Requirements for the Accreditation of Forensic Science Testing Laboratories (2011 Edition) [EB/OL]. (2011－11－22) [2022－01－30]. https://anab. qualtraxcloud. com/ShowDocument. aspx?ID=6438：16. at terms 5. 3. 6.

③ HONG KONG ACCREDITATION SERVICE. HOKLAS Supplementary criteria no. 42 － "forensic testing" test category (issue no. 5) [EB/OL]. (2021－11－29) [2022－01－30]. https://www. itc. gov. hk/en/quality/hkas/doc/SupplementaryCriteria/HOKLAS _ SC － 42. pdf：12 － 13. at terms 10. 4－10. 7.

④ Forensic Analysis Part 1：Recognition recording recovery transport and storage of material：AS 5388. 1－2012 [S]. Sydney：Standard Australia, 2012：11 at terms 6. 1.

第一，鉴定机构必须制定相关政策、程序和指引，指导工作人员开展职业健康和安全方面的风险评估，对照相关立法要求规定进行合适培训和操作。

第二，对于所接触到的任何未知类型（未被识别）的物质性客体，必须按照避免发生吞入、吸入以及接触到人体皮肤的方式进行处置。如果未经过合适培训的人员（例如危险物质应对小组、地下毒品加工场调查人员）进行鉴别确认的，一般不宜进行勘查或检验、鉴定等具体操作。

第三，针对不同种类的证物及其危险类型，根据相关职业标准和程序进行操作[①]，例如只能够在限定区域和空间操作等。

物证勘查过程中，几类常见带有潜在危险的情形及一般处置原则如表3-1所示。

表 3-1 物证勘查活动涉及的几类常见情形及一般处置原则

危险情形	危险因素	一般处置原则
现场枪支	提取、包装、运输、检验过程中发生误射	应由持证或经过合适培训人员确认安全，并标注经确认安全
建筑物	结构方面的危险，如倾塌等	应由持证的建筑工程师或其他授权人员确认安全
电力设施	触电或电磁辐射	应由电力工程师或合适授权人员关闭电源
铁路现场	火车经过并发生事故	应由铁路工作人员在场提供保护并且必要时关闭线路
工业场所	设备造成人员伤亡	应由企业中经过合适授权的人员关闭设备、切断电源并且排除其他危险源
监狱/监管场所	被监管对象	要求监管场所配备安保人员
爆炸现场	爆炸物质	要求穿戴合适防护设备并接受过项目培训的人员进入

---

① 例如，可参考澳大利亚职业健康和安全标准《工作场所危险物品的贮存和处置》（NOHSC：1015）（2001）以及《工作场所物质标签》（NOHSC：2017）（2001）等。

第三节　物证鉴定设备的管理

在物证勘查、检验和鉴定活动中，设备往往是不可缺少的方面。ILAC-G 19 指南文件将设备界定为所有被用于法庭科学过程的并且需要被监控的工具、仪器、软件、试剂以及化学品。[①] 从质量角度开展物证鉴定设备的管理工作，必须依据仪器设备因素影响鉴定质量的基本机制和特点，充分运用组织资源，确保其运作良好并始终符合预期用途。

一、物证勘查、检验和鉴定活动常规使用的设备概况

物证勘查、检验和鉴定活动所使用的设备范围十分广（见表 3-2[②]）。其购置成本、结构复杂性、维护要求以及对设备所提供结果进行诠释的要求差异较大；某些分支专业所使用的设备，如 DNA 检测以及多媒体物证类设备，还需要有特别的环境要求。

---

① INTERNATIONAL LABORATORY ACCREDITATION COOPERATION. Modules in a forensic science process：ILAC G19：08/2014 [EB/OL]. (2014-08-26) [2020-02-20]. http：// ilac. org/?ddownload=805：15，23.

② UNITED NATIONS OFFICE ON DRUGS AND CRIME. Staff skill requirements and equipment recommendations for forensic science laboratories [EB/OL]. (2011-03-30) [2022-01-30]. https：// www. unodc. org/documents/scientific/Ebook _ STNAR _ 02Rev1 _ E. pdf：106-109.

表3-2　物证勘查、检验和鉴定活动常规使用的设备一览

设备	违禁药品及其前体		指纹	足迹和轮胎印痕		生物物证和DNA	可疑文件		枪弹痕迹和工具痕迹				爆炸物和纵火物		纤维、涂料、玻璃等微量物证			电子物证和音像物证			现场勘查
	被检获物物质	生物性样品		足迹	轮胎印痕		文件	笔迹	射击残留物	火药成分	工具痕迹	序列号	助燃剂	爆炸物	纤维和毛发	涂料	玻璃	电子物证	音频物证	视频物证	
光学探测类　法证专用光源（Forensic light source）	X		X	X	X	X	X	X	X			X				X	X				X
多光谱成像（Multispectral imaging）			X	X	X	X	X	X	X			X				X					
静电探测系统			X	X																	X
摄像系统（普通和专业）	X		X	X	X	X	X	X	X			X		X	X	X	X	X	X	X	X
油墨搽印/取样制备							X														
三维印痕制模					X						X	X									X
显微镜技术类　体视显微镜	X		X	X		X	X	X	X		X		X	X	X	X	X				
明场（Bright field）显微镜	X		X			X			X		X				X	X					
偏振光显微镜	X														X	X					
入射光（Incident light）比对显微镜										X	X										
透射光（Transmitted light）比对显微镜										X	X					X					
热载台（Hot stage）显微镜																	X				
扫描电子显微镜（与能谱仪联用）									X					X		X	X				X
颜色测试（含荧光和溶解度试验）	X	X				X			X					X	X	X					X
免疫层析（Immuno-Chromatography）试验	X	X				X															X

续表

设备	违禁药品及其前体		指纹	足迹和轮胎印痕		生物物证和DNA	可疑文件		枪弹痕迹和工具痕迹				爆炸物和纵火物		纤维、涂料、玻璃等微量物证			电子物证和音像物证			现场勘查
	被检获物质	生物性样品	指纹	足迹	轮胎印痕	生物物证和DNA	文件	笔迹	射击残留物	火药成分	工具痕迹	序列号	助燃剂	爆炸物	纤维和毛发	涂料	玻璃	电子物证	音频物证	视频物证	现场勘查
微晶体试验	×																				
密度分析																	×				
序列号复原技术（包括腐蚀和其他方法）												×									×
指纹显现和增强技术类 — 粉末			×	×																	×
指纹显现和增强技术类 — DFO—茚三酮—碘熏			×																		
指纹显现和增强技术类 — 物理显影液（Physical developer）			×																		
指纹显现和增强技术类 — 氰基丙烯酸酯熏显			×																		
指纹显现和增强技术类 — 血痕探测			×																		
指纹显现和增强技术类 — 黏合表面（Adhesive surface）探测			×																		
指纹显现和增强技术类 — 其他方法（如 VMD, MMD）			×																		
色谱技术类 — 薄层色谱	×	×					×														
色谱技术类 — 气相色谱 FID	×	×											×	×							
色谱技术类 — 气相色谱 MS	×	×											×	×							
色谱技术类 — 气相色谱 其他探测器（如 NPD, ECD）	×	×											×	×							

续表

设备	被检获物质	生物性样品	指纹	足迹	轮胎印痕	DNA	文件	笔迹	射击残留物	火药成分	工具痕迹	序列号	助燃剂	爆炸物	纤维和毛发	涂料	玻璃	电子物证	音频物证	视频物证	现场勘查
裂解—气相色谱（各种探测器）							X								X	X					
顶空—气相色谱（各种探测器）	X												X								
高效液相色谱 UV	X	X												X	X						
高效液相色谱 MS	X	X																			
高效液相色谱 其他探测器（如DAD, RI等）	X	X					X							X	X						
离子色谱	X													X							
毛细管电泳		X												X							
显微分光光谱 (MSP)	X						X								X	X					
离子迁移谱 (IMS)														X							X*
可见—紫外分光光谱 (UV—VIS)	X						X								X						
红外光谱（傅立叶变换）	X						X							X	X						X*
拉曼光谱	X													X	X						X*
X射线荧光 (XRF)									X					X	X		X				
用于DNA分析的有关技术类设备（包括提取、纯化、PCR和毛细管电泳等）						X															

续表

物证技术类	设备	违禁药品及其前体		指纹	足迹和轮胎印痕		生物物证和DNA	可疑文件		枪弹痕迹和工具痕迹				爆炸物和纵火物		纤维、涂料、玻璃等微量物证			电子物证和音像物证			现场勘查
		被检获物质	生物性样品	指纹	足迹	轮胎印痕		文件	笔迹	射击残留物	火药成分	工具痕迹	序列号	助燃剂	爆炸物	纤维和毛发	涂料	玻璃	电子物证	音频物证	视频物证	
多媒体物证分析技术类	数据提取：读写保护、镜像、验证等																		×	×	×	×
	模拟数据（Analog data）提取																			×	×	×
	数据提取和分析（包括元数据、隐藏数据）受保护数据																		×		×	
	数据报告和存档																		×		×	

注：× 表示适合于该类物证的常规检验；
　　* 表示为可移动型分析设备；
　　被查获物质主要是指固体剂型
　　生物性样品主要是指生物检材中的毒物和物品。

在遵守行业监管部门关于特定领域业务的仪器设备配置最低要求的前提下，从事物证勘查、检验和鉴定的机构，在设备管理规划方面应当重点考虑如下问题：第一，拟选配设备是否满足预期用途需求？[①] 第二，拟选配设备是否能够适应于本机构常规的检验和鉴定工作量需要？第三，需要对拟选配设备的操作人员实施哪些培训？与拟选配设备有关的技能和知识要求是否已经涵盖在相关人员工作描述（岗位职责）当中？如需要培训的，可以从哪些途径获得培训服务？第四，拟选配设备的生产厂商在产品可靠性和维护支持业务方面的表现如何？第五，拟选配设备需要哪些环境条件支持？其是否与本机构现有的设施和环境条件相匹配？

二、物证鉴定设备的预防性维护

预防性维护（preventative maintenance）是保证鉴定机构能力和鉴定质量、确保机构对设备进行有效管理的一个重要理念和原则，也是贯穿于ISO/IEC 17025 条款 5.5 的主要内容。预防性维护不同于日常意义的在仪器、设备发生故障时所进行的维修，而是必须确保仪器、设备由始至终保持正常运作，并且仪器、设备的功能始终具备符合预期目的性。

（一）对物证鉴定设备实施预防性维护的意义

尽管鉴定机构质量控制政策已要求进行常规核查，但是，通过设计并运作一个明显带有主动预防性的设备维护项目的做法是有现实意义的。ILAC－G 19 指南文件指出，法庭科学机构应该运行一个维持和校准所使用关键设备的项目。[②] 特别地，当从犯罪现场上所提取到的物证的量十分有限时，保证设备运作的有效性和可靠性，能够充分发挥物证在案件中应用的最大潜能，提升工作效率，也能够提升物证鉴定实验室分析人员应用仪器、设备的信心。设备预防性维护的典型措施包括：定期对仪器设备进行清洁、对仪器设备的各个主要部件进行润滑和维护、对关键设备实施校准和性能核查（performance check）等。

---

① ISO/IEC 17025：2005 条款 5.5.1 要求，实验室应配备正确进行检测和/或校准（包括抽样、样品制备、数据处理和分析）所要求的所有抽样、测量和检测设备。

② INTERNATIONAL LABORATORY ACCREDITATION COOPERATION. Modules in a forensic science process：ILAC－G 19：08/2014 ［EB/OL］. (2014－08－26)［2020－02－20］. http://ilac. org/?ddownload=805：16.

（二）物证鉴定机构实施设备预防性维护的具体要求

围绕 ISO/IEC 17025：2005 标准条款 5.5 的有关要求，笔者认为，与物证鉴定机构设备预防性维护项目实施密切关联的有如下 4 个方面。

1. 由专门人员负责管理设备

ILAC-G 19 指南文件指出，尽管各类设备可能是实验室自有的，或从其他来源途径借用、租赁使用或由其他来源提供的，但是，法庭科学机构必须对所使用设备的校准状态和整体适应性承担责任。[①] 为落实这个责任，物证鉴定机构应当指派人员负责管理设备，其管理职责应包括对有关仪器设备进行校准和维护。这是整个预防性维护项目顺利实施的必要条件。

2. 纳入预防性维护项目的设备

按照 ISO/IEC 17025 条款 5.5.2 的要求，纳入预防性维护项目的设备应当是机构的所有设备。[②] 在物证的勘查[③]、检验和鉴定活动中，这些设备主要包括：非直接用于测量的各类通用业务设备（general service equipment），如摄像系统、冰箱、搅拌器、加热板以及非测量体积用的玻璃器皿等；显微镜及其附件（不含测量功能）；容积测量器具；测量仪器/计量器具（measurement instruments），如温度计、天平、光密度计、光谱仪、色谱仪等；计算机系统和数据处理部件（computer and data processors）。

对于通用型业务设备，可根据其实际使用情况，运用视觉检查、安全运行核查等方法进行常规维护；仅当该设备会显著地影响检测和检验活动的结果时，例如高温炉或恒温水浴的温度，才应当实施校准或功能核查。对于不含测

---

① INTERNATIONAL LABORATORY ACCREDITATION COOPERATION. Modules in a forensic science process：ILAC G19：08/2014 [EB/OL]. （2014—08—26）[2020—02—20]. http://ilac. org/?ddownload=805：16—17.

② 该条款指出，设备（包括用于抽样的设备）在投入服务前应进行校准和核查，以证实（to establish that）其能够满足实验室的规范要求和相应的标准规范。设备在使用前应进行核查和/或校准。

③ ILAC-G 19 指南文件列举了物证勘查过程中需要进行校准或核查的各类可移动设备，包括：数码相机（白平衡校准）；静电（吸附）提取器；法庭科学专用光源（FLS），例如，探测生物性证据的紫外和红外光源；气体、爆炸物、体液/助燃剂探测设备；记录距离和面积的激光测距仪、尺子、测微器和其他测量装置；温度计；声音测量仪；站点标识/记录的全球定位系统；卡尺；光离子化侦测器；（用于孢粉学和昆虫学检验的）记录气象信息的数据提取器等。同时，勘查过程中需要在使用前确认其可靠性的关键耗材，包括：血液（如过氧化物酶试验）、精液（如酸性磷酸酶试验）、毒品（如马奎斯）等试验用试剂盒；印痕探测和增强的化学制品，例如鲁米诺、无色结晶紫等。

量功能的显微镜及其附件，一般定期清洁和维护，以保证其安装和设置均处于正常状态。对于容积量具，在投入使用前必须经过校准和功能核查，并且需要根据实际使用频次和量具的具体类型，确定校准或核查的间隔。由于测量仪器与检测/检验结果的可靠性高度相关，应当投入更多的资源，包括定期使用、定期清洁以及定期校准等，以确保其能够良好运作。在可能的情况下，必须根据业务活动的实际需求、测量仪器的类型以及该测量仪器过往使用的表现等方面考虑，执行定期的功能核查并且应当预先确定可接受的界限。所有核查的程序必须经过文件化，并且只有圆满地完成规定核查项目或取得可接受的核查结果后，方能够将测量仪器投入检案使用。

3. 设备的期间核查

为了保持设备校准状态的可信度，有必要对物证鉴定所使用的设备实施期间核查（intermediate check）。期间核查一般被定义为根据规定程序，为了确定计量标准、标准物质或其他测量仪器是否保持其原有状态而进行的操作。[①]在实践中，应根据设备的校准间隔、设备的具体用途、设备自身的稳定性、特定检验或检测方法的要求规定，以及对由于未能实施核查而带来的风险因素等方面，结合实证数据，综合评估实施期间核查的需要。同时，物证鉴定机构在制定仪器设备期间核查实施程序时，应当明确实施频次的具体要求。

4. 特殊情况下对设备的核查

如果这些设备曾经脱离了实验室的直接控制，那么在该设备返回后，实验室以及有关人员在使用前必须对其功能（function）和校准状态（calibration status）进行核查并能显示满意结果（ISO/IEC 17025：2005 条款 5.5.9）。按照原 ASCLD/LAB 相关认可应用准则的解释，这个要求针对的是设备脱离了实验室的直接控制后可能会被"非实验室人员使用"的情形；该要求一般并非针对将设备送去进行校准的情形，但是，如果有依据表明或怀疑设备在运输途中被损坏，则设备返回后，实验室在设备投入使用前，也必须按照 ISO/IEC 17025：2005 条款 5.5.10 的要求执行有关核查程序。核查、验证的典型方法包括视觉检查（visual inspection）、功能核查、再校准等。[②]

---

① 参见《通用计量术语及定义》（JJF 1001—2011）条款 9.49。

② INTERNATIONAL LABORATORY ACCREDITATION COOPERATION. Modules in a forensic science process：ILAC G19：08/2014 [EB/OL]. （2014−08−26）[2020−02−20]. http://ilac. org/?ddownload=805：17, at para. 4.

（三）对计算机和自动化设备的预防性维护

1. 计算机和自动化设备投入使用前的评估

ISO/IEC 17020：2005 条款 5.5.2 指出，对于各类型用于检测、校准和抽样的设备及其软件，在被投入使用之前，实验室必须确保其已达到要求的准确度，并符合有关检测和/或校准相应规范的要求；对结果有重要影响的仪器的关键量或值，应制订校准计划。因此，物证鉴定机构必须首先评估计算机或其他各类自动化设备所使用的软件对检验、鉴定活动所带来的影响。由鉴定机构所开发的软件、对软件参数的设定以及修改等活动也应纳入被评估的范围。评估的过程和结果必须进行记录，以作为满足有关规定的客观依据。此外，实际业务活动中，应在计算机和自动化设备及其软件投入使用前进行核查（用户验收测试）。

2. 对计算机和自动化设备使用的商业软件的确认/核查

ILAC-G 19 指南文件指出，必须证实所使用计算机软件的符合目的性。[①]证实的对象范围包括各类商业现货（commercial off-the-shelf）软件和软件工具组合。当这些软件对所获得的检验、检测结果有影响时，必须按照确认要求进行确认。而对于其他商业现货软件，如微软、金山公司的文字和表格处理软件等，由于其一般不直接对所获结果产生影响，因此，应考虑对其进行核查，并证实其能够满足通常情形下的使用。例如，利用电子表格程序计算数值的，可对该软件功能进行验证核查；或者，如需要使用数据库比对特定的物证特征时，则可将这个数据库及其应用软件作为更大范围内的适用于法庭科学过程软件确认的一个子部分。

3. 对计算机和自动化设备及其软件的参数设定控制

ISO/IEC 17025 条款 5.5.5 规定，应保存对检测具有重要影响的每一台设

---

① INTERNATIONAL LABORATORY ACCREDITATION COOPERATION. Modules in a forensic science process：ILAC G19：08/2014 ［EB/OL］. （2014-08-26）［2020-02-20］. http://ilac. org/?ddownload=805：17, at para. 2.

备及其软件的记录。① 同时，条款 5.5.12 指出，必须对设备硬件和软件进行保护，以避免发生致使检测结果失效的调整。因此，必须通过管理程序以确保所有对硬件和软件所进行的修改活动均受到控制，这包括：记录各设备及其软件的信息，包括所使用软件的版本、设定（包括防火墙）；明确要求所安装的软件必须是已知的；开展定期核查，保证计算机和自动化设备所安装软件的版本正确，而且没有发生未经授权的参数设定更改情形。

4. 对计算机和自动化设备当中敏感数据信息的保护

物证鉴定机构必须有对于包含敏感数据信息设备（载体）的管理政策，以确保由外部人员实施设备维护、需要在机构以外的场所运用该设备提供服务，以及从场所中移除或销毁设备时，设备当中所包含的敏感信息始终是安全的。② 例如，涉及国家秘密时，应执行国家保密法律、法规的要求，实施涉密载体管理措施，包括送往定点场所销毁并由人员在场监督等。

三、物证鉴定设备测量结果溯源性的保证

如前所述，物证勘查、检验、鉴定过程中所使用的设备，有相当一部分是带有测量功能的或者其本身就是测量仪器。例如，称量物证质量的电子分析天平、对交通事故案件现场相关刹车痕迹长度进行测量时所使用的卷尺等。这些测量仪器给出的量值、数值往往构成相关检验、检测结果的重要依据。因此，按照质量管理和有关认可准则基本要求，必须通过对设备和软件的校准和管理确保测量结果的溯源性，从而保证各类物证勘查、检验、鉴定活动结果的质量。

---

① 该条款指出，记录至少应包括 8 个方面内容：设备及其软件的识别；制造商名称、型式标识、系列号或其他唯一性标识；对设备是否符合规范的核查；当前的位置（适用时）；制造商提供的说明书（如有），或指明其存放地点；所有校准报告和证书的日期、结果及复印件，设备调整、验收准则和下次校准的预定日期；设备维护计划，以及已进行的维护（适用时）；设备的任何损坏、故障（malfunction）、改装（modification）或修理情况等。

② FORENSIC SCIENCE REGULATOR OF UK HOME OFFICE. Codes of practice and conduct for forensic science providers and practitioners in the criminal justice system（FSR—Codes，issue3）［EB/OL］. （2016－02－12）［2022－02—20］. https：//assets. publishing. service. gov. uk/government/uploads/system/uploads/attachment _ data/file/499850/2016 _ 2 _ 11 _ － _ The _ Codes _ of _ Practice _ and _ Conduct _ － _ Issue _ 3. pdf：41，at terms 21. 1. 6.

在计量学和法制计量领域，测量结果的溯源性和测量的不确定度是分别描述、表征各类测量活动及其结果准确度（accuracy）和变异/变化程度（variability）的两个不同概念。关于测量不确定度的相关问题，笔者将结合物证鉴定方法及其确认的内容一并进行阐述。

（一）与测量结果溯源性有关的概念及其相互关系概要

按照计量学领域的通行理解和定义[①]，首先，量（quantity）是指现象（phenomenon）、物体（body）或物质（substance）的特性，其大小可用一个数和一个参照对象表示。一般概念的量包括长度（l）、能量（E）、电荷（Q）、电阻（R）等。量值（quantity value。全称量的值，value of a quantity；简称值，value）是指用数和参照对象一起表示的量的大小。例如，给定杆的长度：5.34m 或 534cm。其次，测量（measure）是指通过实验获得并可合理赋予某量一个或多个量值的过程。测量意味着量的比较并包括实体的计数。测量的先决条件是对测量结果预期用途相适应的量的描述、测量程序以及根据规定的测量程序（包括测量条件）进行操作的经校准的测量系统。

量、量值、测量以及测量程序等相关概念的关系如图 3－1 所示。

---

① 本部分内容所引用的相关术语和定义参见《通用计量术语及定义》（JJF 1001—2011）。该术语定义的英文表述，参见 JOINT COMMITTEE FOR GUIDES IN METROLOGY. International vocabulary of metrology — Basic and general concepts and associated terms（VIM）：JCGM 200：2008 (E) [EB/OL]. [2022—01—30]. http://www.iso.org/sites/JCGM/VIM/JCGM_200e.html。特此说明。

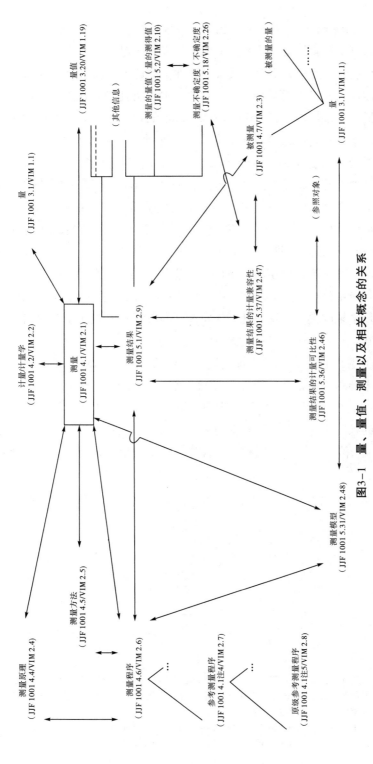

图3-1　量、量值、测量以及相关概念的关系

注：本图根据Joint Committee for Guides in Metrology, JCGM 200: 2008（E）附录A图A3进行编译。在本图中，JJF 1001是指中华人民共和国国家计量技术规范《通用计量术语及定义》（JJF 1001—2011），JJF1001 4.1是指该规范的条款4.1。VIM是指ISO/IEC Guide99: 2007《国际计量学词汇　基础通用的概念和相关术语》（VIM），VIM2.1是指该标准条款2.1。图中符号采用了术语学中表述概念关系的三种通行形式。

107

溯源性（traceability）概念的提出有其现实根据。例如，理论上，人们期待在北京进行测量所得质量（示值）1.0kg 与人们在纽约、东京以及世界各地进行测量所得质量（示值）1.0kg 具有一致性，即都等于国际计量局（BIPM）的国际千克原器的质量。要实现这种一致性，基本方法就是通过文件规定的不间断的校准链（a documented unbroken chain of calibrations）将测量结果与参照对象联系起来。这里所指的参照对象，可以是实际实现的测量单位的定义，或包括非序量测量单位（non-ordinal quantity）的测量程序，或测量标准。

在计量学中，计量溯源性（metrological traceability）就是指通过文件规定的不间断的校准链，将测量结果与参照对象联系起来的测量结果的特性。校准链中的每项校准均会引入测量不确定度。而作为实现计量溯源性的基本途径，校准（calibration，在我国一些地区，如香港特别行政区，其也被译为校正——笔者注）就是指在规定条件下的一组操作。第一步是确定由测量标准提供的量值与相应示值（indications）之间的关系，第二步则是用此信息确定由示值获得测量结果的关系。这里测量标准提供的量值与相应示值都具有测量不确定度。通常，只把上述定义中的第一步认为是校准。①

如上文所述的 1.0kg 例子，通过运用文件规定的不间断的校准链，可以实现测量结果的溯源性，其一般运作机制如图 3-2 所示。② 也就是说，当人们购置并使用一个 1.00 可溯源的千克砝码，该砝码的质量实际上等同于一国的国家计量院的标准千克砝码以及国际计量局的标准千克原器同时加上相关证书中标明的相应±值，按照有关规程进行操作，以期实现逐级溯源，达到测量结果的溯源性。

---

① 泰德·沃斯克（Ted Vosk）等论者指出，校准定义中的第一步，实际上只是在"教导"测量系统如何将一个被测量（measurhand）与特定的一个量值进行关联，仅为测量系统的一个初步调整。只有当测量系统调整完毕后，方能进行校准。

② TED VOSK, ASHLEY F EMERY. Forensic metrology—scientific measurement and inference for lawyers, judges, and criminalists [M]. Boca Raton：CRC Press, 2015：82.

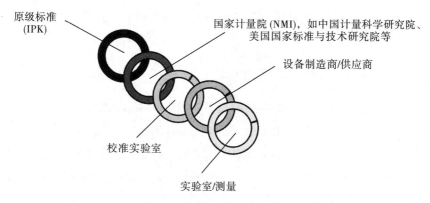

图 3-2 不间断校准链的一般运作机制

与物证勘查、检验、鉴定有关的量值结果包括长度、温度、质量等，均具备可溯源性。此外，需要指出，提出测量结果的溯源性是为了确保对质量、长度等量的测量结果尽可能地接近该量的真值（普遍被接受为真值），主要是涉及测量结果的准确度，而不是测量结果的变异性以及不确定度。我们力求实现溯源性之目的，是保证对真值的估计是合理、正当而且符合预期用途的。要求仪器设备具有测量结果的溯源性，意味着只要合适地使用设备进行测量，测量结果是能够准确达到设备供应商设定的容限的。[①]

（二）法庭科学认可相关准则对测量结果溯源性的基本要求

概括而言，测量溯源也是一种技术资源，在管理方面应遵守下列三条基本规则：首先，当要求测量溯源或组织认为测量溯源是信任测量结果的基础时，测量设备均应对照能够溯源到国际或国家标准的测量标准，按照规定的时间间隔或在使用前进行校准和/或检定（或者不存在上述标准时，应保留作为校准或验证依据的成文信息）；其次，测量设备应当予以识别，以确定其状态；再次，设备应当受到保护，防止由于调整、损坏或衰减所导致的校准状态和随后的测量结果失效。

在法庭科学领域，相关认可准则对此有细化要求规定。[②] 其他国家（地

---

① SUZANNE BELL. Measurement uncertainty in forensic science—a practical guide [M]. Boca Raton：CRC Press，2017：6.

② 例如，在 CNAS-CL 08 准则当中，关于测量溯源性的条款主要是条款 5.6 下的子条款 5.6.1（总则）、5.6.2.2（特定要求——鉴定）以及 5.6.2.3（特定要求——参考标准和标准物质）；而子条款 5.6.2.1（特定要求——校准）主要适用于当测量无法溯源到国际单位制（SI 制）或与之无关时，鉴定机构需要根据要求将测量溯源至诸如有证标准物质（参考物质）、约定的方法和/或协议标准。

区）的合格评定认可机构的法庭科学认可项目也颁布了与测量溯源性有关的政策和指南，可供参考。

1. 法庭科学机构测量溯源性的总体要求[①]

法庭科学检测实验室（鉴定机构）需要遵守一条基本原则，就是当有关的测量结果对于最终的鉴定结果有显著影响（significant impact）时，该测量结果必须具有可溯源性。因为客户要求法证实验室所实施的检测和校准应当可靠、准确并且具有可比性，对测量结果可靠性、统一性、一致性以及可比性的要求，是确立测量结果可溯源性的根本原因。

原 ASCLD/LAB 在其关于测量结果可溯源性的政策文件中指出，测量溯源性的表征主要体现为以下 7 个核心要素：

（1）不间断的比对链条；

（2）文件化的测量不确定度；

（3）文件化的测量程序；

（4）技术能力；

（5）SI 制的实现；

（6）文件化的校准期间；

（7）测量保证项目。

法庭科学机构有必要从设备、参考物质/参考标准、测量保证项目方面进行整体策划和管理，以保证测量结果具有可溯源性。总体而言，有以下三个方面的要求：

首先，对测量过程中使用设备进行校准是实现测量结果溯源性的重要基础。[②] 按照 ISO/IEC 17025：2005 标准条款 5.6.1、5.6.2.1.1 以及 5.6.2.2.1 的要求，法庭科学机构必须将本机构设备校准的项目和有关程序予以文件化，并且应当涵盖所需进行校准的设备清单、对校准实验室的规定、对校准活动的特定要求以及校准期间。校准期间应当综合检测或分析工作的性质、要求以及制造商的建议。对于本机构已确立的设备校准期间的规定，有关责任人员应当

---

① 本部分主要参考了原 ASCLD/LAB 发布的三份指南、政策文件的相关内容：（1）ASCLD/LAB Guidance on Measurement Traceability（AL-PD-3058 Ver 1.0）；（2）ASCLD/LAB Guidance on Measurement Traceability-Measurement Assurance（AL-PD-3059 Ver 1.0）；（3）ASCLD/LAB Policy on Measurement Traceability（AL-PD-3057-Ver 1.3）。

② 应当说明，设备本身不具有计量学上所指的可溯源性，只有测量结果潜在地具备计量上的可溯源性。

严格执行；对于设备的任何校准期间的延展，均必须是基于文件化的实证数据而作出的。

　　其次，如果设备校准对于取样或检测结果或者检测结果的总不确定度有显著影响时，法庭科学机构原则上应当使用由外部提供的校准服务，包括从符合要求的国家计量院（NMI）以及获得有关认可机构依据 ISO/IEC 17025：2005 标准认可的校准实验室以及其他法定计量机构获得校准服务。[①] 而对于取样、检测结果无显著影响的设备[②]，法庭科学机构应对照良好测量、校准实践的要求，谨慎评估确定是否对这些设备执行相关的校准。[③] 某些认可项目的准则当中还要求法庭科学机构必须能够提供客观证据，证明上述提及的影响的不显著性，如 ANAB 2017 年版法证检测实验室认可要求条款 5.6.2.2.1.1。

　　再次，在测量过程中如果需要使用参考物质和参考标准以获得测量结果的溯源性时，法庭科学机构应当按照 ISO/IEC 17025：2005 标准条款 5.6.3.1 以及 5.6.3.2 的要求实施。具体要求在下文予以阐述。

　　最后，在建立测量的溯源性体系后，法庭科学机构有必要通过机构内部的测量保证计划项目[④]，对照 ISO/IEC 17025：2005 标准条款有关条款[⑤]要求，实施有效监控。概括而言，即必须考虑是否需要执行期间核查以维持对设备、参考标准和参考物质校准状态的信心，如需要实施期间核查，应按照本机构已制定的程序和计划实施；对设备、参考标准和参考物质的校准状态核查期间一经确立后，如需要延展的，必须基于文件化的实证数据而作出。

---

　　① 例如，我国合格评定国家认可委员会发布的 CNAS-CL 06：2014《测量结果的溯源性要求》条款 4.3。

　　② 例如，我国香港特别行政区认可处关于实验所认可计划对测量溯源性所采取的政策指出，ISO/IEC 17025：2005 标准条款 5.6.2.1 所指的有关校准工作对检测结果的整体不确定度影响不大的例子包括：（1）在测定是否符合规定时，测量结果数值与规定限值之间的相差甚大（与仪器的不确定度比较）；（2）即使计及仪器可能出现的漂移及错误，测量参数的容许限度与测量预期的不确定度比较仍十分大；（3）与其他影响不确定度的因素比较（例如测试过程所引致的不确定度），有关仪器的测量不确定度的影响甚少（如数量级少一级）等。

　　③ 建议读者可参考原 ASCLD/LAB 发布的指南文件《ASCLD/LAB 测量不确定度指南——测量保证》附件 A1 当中提出的"测量溯源性——决策流程图"。

　　④ 原 ASCLD/LAB 对测量保证的定义是：监控检测或校准过程并保证测量过程中使用的设备、参考标准或参考物质的校准状态的实践。美国国家标准和技术研究院对测量保证项目的界定是：在一个组织内设立的一个具有足够复杂性的项目，提供了测量不确定度和已建立可溯源性的测量结果的可靠性。一个内部测量保证项目通常涉及对特征化过程、校准过程前后或用于获得具有可溯源性的测量结果的有关仪器、标准，或者测量系统的性能（例如稳定性、复现性等）的监控。

　　⑤ 此处主要是指 ISO/IEC 17025：2005 标准的条款 5.5.6（设备维护程序）、5.5.10（设备的期间核查）、5.6.3.3（参考标准和参考物质的期间核查）、5.6.3.4（参考标准和参考物质的运输和储存）以及 5.9.1（检测和校准结果质量的保证）。

2. 法庭科学机构对外部校准服务供应的评价要求

法庭科学专业领域需要常规使用外部校准服务的设备与国际单位制基本量之间的关系如表 3—3 所示。

表 3—3　法庭科学领域需要常规使用外部校准服务的设备
与国际单位制基本量的关系

设　备	国际单位制基本量（SI Base Quantity）
天平（Balances）	参考标准——质量
测径器（Calipers）	参考标准——长度
温度计（Thermometers）	参考标准——温度
移液器/稀释器（Pipettes/Dilutors）	参考标准——质量的导出量（derived quantity）
直尺/卷尺（Rulers/Tapes）	参考标准——长度
扳机引力测定装置（Trigger − Pull Devices）	参考标准——质量的导出量
带刻度的玻璃器皿（Volumetric Glassware）	参考标准——质量的导出量
电压表（伏特计）（Voltmeters）	参考标准——电流的导出量

按照 ISO/IEC 17025：2005 标准条款 4.6.4（服务和供应品的采购）的精神和要求①，为建立和维持测量结果可溯源性而需要使用外部校准服务、采购参考标准和参考物质时，这些校准服务、参考标准和参考物质就应被认定为重要（critical）消耗品、供应品和服务，并且必须按照该条款要求进行严格、有效管理。其中，包括对外部校准服务供应商进行评价并保留相关的评价记录作为已实施相关活动的客观证据。评价之目的在于证实校准服务以及参考标准/参考物质的供应商满足法庭科学机构和相关认可准则、政策的要求。参考有关指南文件，可将该对外部校准服务供应商的评价流程要点和证明该评价流程有效实施的支撑文件、记录梳理为表 3—4。②

---

① 《司法鉴定/法庭科学机构能力认可准则》（CNAS—CL 08：2013）准则条款 4.6.4 的规定与此基本一致。

② ASCLD/LAB. ASCLD/LAB Guidance on Measurement Traceability（AL—PD—3058 Ver 1.0）[M]. North Carolina：American Society of Crime Laboratory Directors/Laboratory Accreditation Board，2013：19—20，38—39.

表3-4　法庭科学机构实施外部校准供应服务评价的步骤、
内容要点和客观证据列举

关键步骤	内容要点	客观证据（举例）
1. 法庭科学机构确立服务要求准则	·确立准则时，有必要明确/考虑下列内容： (1) 设备用以进行检测活动的范围； (2) 测量分辨力要求； (3) 测量准确度要求（参考 ISO 等标准化组织以及设备制造商的有关规定）； (4) 校准的不确定度要求（如果已识别出设备是贡献不确定度的主要来源，则有必要考虑选用可提供更小不确定度的校准）； 例如，对于实验室用电子温度计的校准服务要求： 范围：−50℃至150℃，分辨力为 0.1℃ 准确度：± 0.3℃ 温度计校准的不确定度：0.1 ℃（应符合有关认可机构和实验室对不确定度表述政策和要求）	·法庭科学机构制定的采购外部服务供应的程序文件（校准服务）
2. 对校准服务供应商获认可/资质的要求	·确认拟选择的校准服务供应商已获得 ISO/IEC 17025：2005 认可并且颁发认可的机构； ·登陆 ILAC、IAAC 等组织的网站，并查询 ILAC MRA 和签署方，或者 IAAC MLA 签署方清单等； ·确认该供应商获认可的范围（包括校准）	·校准服务供应商的认可证书，ILAC 等组织的清单
3. 证实校准服务供应商的能力	·主要是对校准服务供应商的技术能力范围进行审查，在获得该机构的认可能力范围后，考虑： (1) 其能力范围是否涵盖拟校准的设备类型； (2) 其能力范围是否涵盖本机构使用该设备测量的范围； (3) 如能够提供现场校准的，其能力范围是否涵盖实施现场校准； (4) 其校准和测量能力（CMC）是否满足本机构要求	·校准赋予供应商的认可证书及其附件

关键步骤	内容要点	客观证据（举例）
4. 对校准证书进行评审	· 在校准实施完毕后，法庭科学机构应当对照 ISO/IEC 17025：2005 标准条款 5.10 的有关规定，对校准服务供应商出具的校准证书进行审查，包括证书中报告的不确定度等，并形成记录。 例如，ISO/IEC 17025：2005 标准条款 5.10.1、条款 5.10.2 a）～k）、条款 5.10.4.1 a）～c）、条款 5.10.4.2、条款 5.10.4.3、条款 5.10.4.4、条款 5.10.8 以及条款 5.10.9	· 采购服务的相关协议和文件； · 对校准服务的接收和评价记录等。

3. 运用参考物质和参考标准确保法庭科学检测/测量结果的质量

（1）参考物质与法庭科学检测/测量结果的质量。

在国际计量学词汇（VIM）中，参考物质①是指具有足够均匀和稳定的特定特性的物质，其特性被证实适用于测量中或标称特性检查中的预期用途。其中，赋值或未赋值的标准物质都可用于测量精密度②控制，只有赋值的标准物质才可用于校准或测量正确度③控制。在计量管理中，用于统一量值的标准物质、计量基准、计量标准一起构成量值传递与溯源的重要手段。④ 参考物质在科技领域有着广泛的应用。例如，给出了已知纯度的水，其动力学黏度可用于校准黏度计；具有一种或多种指定颜色的色图可用于比较对照并确定物质特性。对于某些测量，有必要通过在测量过程中使用有证参考物质⑤，以建立测量结果的可溯源性。法庭科学中应用参考物质（有证参考物质）的主要领域如

---

① 参考物质（Reference Material）的英文简写为 RM，也称标准物质。参见 VIM 5.13/JJF 8.14。

② 测量精密度（Measurement Precision），即在规定条件下，对同一或类似被测对象重复测量所得示值与真值间的一致程度。参见 VIM 2.13/JJF 5.10。

③ 测量正确度（Measurement Trueness），即多次测量所得量值的平均值与一个参考量值间的一致程度。参见 VIM 2.14/JJF 5.9。

④ 国家质量监督检验检疫总局法规司. 质量技术监督法律基础教材［M］. 北京：中国质检出版社，2015：18.

⑤ 有证参考物质（Certificated Reference Material）的英文简写为 CRM，即附有由权威机构发布的文件，提供使用有效程序获得的具有不确定度和溯源性的一个或多个特性量值的标准物质。参见 VIM 5.14/JJF 8.15。关于参考物质，也可以进一步参考 ISO 导则 30：1992 的 2008 年第 1 号修改单《与标准物质有关的术语和定义 第 1 号修改单：对参考物质和有证参考物质定义的修改》中"参考物质"定义下的 4 个注释。

表 3-5 所示。

表 3-5　法庭科学应用参考物质（有证参考物质）的主要领域列举

领域	备注
对用于对被测量进行定量的一个测量系统（例如包含进样系统和数据处理软件的气相色谱仪）的校准	• 使用有证参考物质能够作出可溯源的测量 • 参考物质可用于制备校准器，但是，制备过程必须以计量上有效的方式进行
方法确认	• 当用于对偏移的评定时，使用有证参考物质能够作出可溯源的测量 • 当用于对精密度的评定时，由法庭科学机构确定是否使用有证参考物质（精密度评定不要求测量的溯源性）
测量保证——对定量准确度中的偏移分量进行评定	• 使用有证参考物质能够作出可溯源的测量
测量保证——精密度评定（统计控制）	• 使用参考物质 • 精密度评定不要求测量的溯源性
标称特性——鉴别	• 使用参考物质 • 并未进行测量，但是所使用的参考物质的合适特性应符合 ISO/IEC 17025：2005 标准条款 5.9.1 的要求

法庭科学检验、鉴定过程中还会采用用于鉴别、比对或诠释等用途的各种数据、检材/样本及相关材料的参考集（reference collection）（质谱图、机动车油漆和前灯透镜、毒物样品、打字机列印样式、碎木块、弹头、弹壳、DNA 分析数据、频率数据库等）。[①] 例如，美国 NIST 能够提供血液酒精含量检测、犯罪现场勘查、DNA 分析以及毒品滥用检测四个专业子领域的多种标准参考物质（SRM），美国法庭科学协会（AAFS）2010 年版毒品库涵盖了 2700 余种纯毒品的图谱等。

法庭科学领域相关认可准则从确保检测/测量结果质量的角度对参考物质管理所提出的要求规定主要有如下方面：第一，应有专人负责管理参考物质。第二，所有参考物质、有证参考物质以及参考集必须被完全地文件化，进行唯

---

① ILAC-G 19 指南文件对参考集的定义是：具备一系列稳定（性质）的物质、物品、客体或者已知特性的人工物，或者将可能用于确定特性的客体或者源自未知证物的客体。INTERNATIONAL LABORATORY ACCREDITATION COOPERATION. Modules in a forensic science process：ILAC G19：08/2014 [EB/OL]. (2014-08-26) [2020-02-20]. http://ilac.org/?ddownload=805：8, at terms 2.16.

一标示并且受到合适的控制。例如，HOKLAS SC－42 补充准则条款 12.3 指出，参考物质、有证参考物质以及鉴定使用的参考集的采购、发布和使用必须受到控制和记录。第三，作为一种重要消耗品，参考物质、有证参考物质以及参考集的信息必须详细完整，使用过程可控，包括其标签/标识信息的完整和使用程序的完善。例如，在犯罪现场上、分析过程当中应有相应的使用前核查、采用/拒绝准则，以及处置、运输、存储和使用的政策等，以防止污染或损坏，确保其完整性。例如，FSR－Codes 条款 22.1.1.1 明确指出，参考物质不应在失效日期后继续使用，除非能够证实其在失效日期后仍然符合预期用途。[①] 关于参考物质提供者的评价过程，与上文提及的对外部校准服务供应商的评价过程基本一致，而评价内容则建议法庭科学机构参考物质管理人员对照 ISO 导则 34：2009[②] 以及 ISO 导则 31：2000[③] 的相关准则条款进行评审。

（2）参考标准与法庭科学测量结果的溯源性

测量标准（measurement standard）是指具有确定的量值和相关联的测量不确定度，实现给定量定义的参照对象。例如，具有标准质量不确定度为 $3\mu g$ 的 1kg 质量测量标准。测量标准经常作为参照对象用于为其他同类量确定量值及其测量不确定度。通过其他测量标准、测量仪器或测量系统对其进行校准，确立其计量溯源性。[④] 而参考标准（reference standard），即测量参考标准，是指在给定组织或给定地区内指定用于校准或检定同类量或其他测量标准的测量标准。在我国，这类标准称为计量标准。[⑤]

法庭科学领域应用参考标准的最主要场合是测量保证项目，即在期间核查过程中运用测量参考标准，如质量的参考标准砝码和长度的参考标准块规（gage blocks）等，以确定测量仪器、量具等设备的校准状态，或者是确保设备的合适功能。一些习惯上称作标准样品的物品，如标准毒品样品等，其实质上是参考物质而非参考标准。对于参考标准，其测量的校准等级序列，即从参

---

① FORENSIC SCIENCE REGULATOR OF UK HOME OFFICE. Codes of practice and conduct for forensic science providers and practitioners in the criminal justice system（FSR－Codes, issue3）［EB/OL］. （2016－02－12）［2022－02—20］. https://assets. publishing. service. gov. uk/government/uploads/system/uploads/attachment _ data/file/499850/2016 _ 2 _ 11 _ － _ The _ Codes _ of _ Practice _ and _ Conduct _ － _ Issue _ 3. pdf: 41.

② 包括 ISO 导则 34：2000《参考物质生产者能力的通用要求》条款 5.7.5、条款 5.13.2、条款 5.14.2、条款 5.14.4、条款 5.16.2、条款 5.17 并参照附录 A 进行评审。

③ 包括《标准样品 证书和标签的内容》（ISO 导则 31：2000）条款 5.2 至条款 5.18 的内容。

④ 参见《通用计量术语及定义》（JJF 1001—2011）条款 8.1。

⑤ 参见《通用计量术语及定义》（JJF 1001—2011）条款 8.6。

照对象到最终测量系统之间校准的次序①如图 3-3 所示。

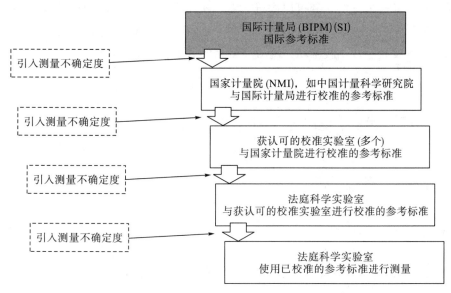

图 3-3　参考标准的校准等级序列体系

从管理的角度看，有以下两点需要注意：

第一，按照 ISO/IEC 17025：2005 标准条款 4.6 的要求，当参考标准将影响检测和/或校准质量时，法庭科学机构应当按照条款 4.6.1 至条款 4.6.3 的要求进行管理，包括制定采购参考标准的政策和程序，制定采购参考的要求规定、批准采购参考标准的程序以及接收参考标准的核查验收准则。法庭科学机构对采购参考标准，包括供应商是否符合要求的评价准则等，与外部校准服务评价的要求基本一致。

第二，对参考标准的校准和期间核查。只要是测量结果要求溯源性，所使用的参考标准均应进行校准。ISO/IEC 17025：2005 标准条款 5.6.3.1 指出，参考标准应当由符合要求的"能够提供溯源的机构进行校准"。参考标准的校准期间，一般根据参考标准的生产商和校准实验室的建议确定，但同时也应考虑相关法庭科学检测工作的类型，并且需要关注实验室场所当中处置、运输、存储和使用参考标准的条件。例如，法庭科学机构处置、运输、存储和使用参考标准的环境条件可能未能达到生产商建议的条件，因而应当按照 ISO/IEC 17025：2005 标准条款 5.6.3.4 的要求，制定防止污染和损坏的程序，并相应

---

① 关于校准等级序列（calibration hierachy）的定义可参见 VIM 2.40 和 JJF 4.13。

地调整参考标准进行校准的期间。同样地，参考标准的校准期间一经确定后，如基于实证数据支持，其可以进行变更。此外，是否对参考标准进行期间核查由法庭科学机构确定，并且应根据检测方法的要求、客观证据对现有参考标准稳定性的反映、评估校准状态时效所带来的后果进行综合权衡。

第四章　物证鉴定方法的管理

物证鉴定是一种客观检验（objective test），这是其质量内涵的核心方面。因此，除了对人员的培训和授权进行控制外，还需要对勘查、检验和鉴定活动中采用的方法（包括程序）进行合适管理，即从抽样/取样、鉴定方法的选择与制定、标准方法的证实（验证）、非标准方法的确认、测量不确定度评定到结果数据的控制等方面，对鉴定过程中涉及的方法资源进行质量控制。[①] 本章主要围绕鉴定机构能力认可准则的相关规定要求，就物证鉴定方法管理的主要问题进行论述。

第一节　概　述

物证鉴定过程所依赖的方法、场所、设备、耗材在总体上构成一个相对独立的技术资源子系统。这个子系统在运作过程中，其四要素之间的结合有不同的表现形式。例如，在物证的现场勘查方面，由于"现场物证信息系统最大价值的实现是以物证的最大'发现率'为基础，而以最大'提取率'为保障"[②]，场所资源的基本特性决定了设备和耗材资源需要在合适的物证勘查方法（包括勘查策略）的指导下相互配合，才能产生整体效应，达到预期目的。方法及其运作过程应纳入鉴定机构质量管理体系的范围，通过策划、实施、检查和处置，使其始终受到控制。对物证勘查、检验、鉴定方法进行管理，也是物证在司法领域应用的前提条件。在本书前述章节中，笔者已从物证技术学科各个分支专业的角度分析了不同类型的物证勘查、检验和鉴定的具体方法。因而，此处主要从实现物证鉴定方法管理的角度作整体性阐述，以期为理解和把握相关

[①]　中国合格评定国家认可委员会. 司法鉴定/法庭科学机构认可评审员培训教程（试行）[M]. 北京：中国质检出版社，2015：225.

[②]　贾治辉. 现场物证与技术系统的构建及价值研究 [J]. 警察技术，2004（1）：44.

质量管理体系准则要求提供一定理论基础。

一、物证鉴定方法的界定和分类

方法的一般含义，是指关于解决思想、说话、行动等问题的门路、程序等。[①] 方法内涵的核心，是主体根据客体内在的矛盾特性而从实践角度所提出的一组具有内在逻辑结构和关系的安排，属于与过程密切关联的一种描述性知识。例如，测量方法，是指对测量过程中使用的操作所给出的逻辑性安排的一般性描述。[②] 测试方法，是指为形成测试结果而界定的一组程序。[③] 又如，英国内政部法庭科学监管局 FSR－Codes 文件则从法庭科学各领域的共性角度，将方法界定为"一组具有逻辑次序的操作"，其一般地用以描述分析活动（例如对毒品或爆炸物的鉴别/定量、测定 DNA 图谱等），或描述通过比对客体而确定其来源的活动（例如指纹印痕/鞋印/工具痕迹检验、显微镜鉴定等）。[④]

因此，笔者认为，可将物证鉴定方法概括地界定为：一组关于物证勘查、分析、比对、诠释活动的具有逻辑次序的操作的描述。在外延上，物证鉴定方法应当涵盖在犯罪现场上实施的方法，以及在实验室条件下实施的方法。从过程的角度，可将物证鉴定方法划分为：识别/发现物证的方法，增强/显现物证的方法，物证采样/取样/制样方法，提取、包装、运输、保管、贮存物证的方法，物证种类识别和特征提取方法，物证特征比对方法，以及诠释物证检测、检验结果的方法等。从适用对象性质的角度，可将物证鉴定方法划分为：适用于物理性物证的鉴定方法，适用于生物性物证的鉴定方法，适用于电子数据形式存在的物证的鉴定方法等。从方法制定、发布主体以及标准化程度看，也可将物证鉴定方法划分为：由各类国际/区域/国家（地区）标准化组织制定、发

---

① 中国社会科学院语言研究所词典编辑室. 现代汉语词典［M］. 7 版. 北京：商务印书馆，2016：366.

② 参见《通用计量术语及定义》（JJF 1001—2011）条款 4.5。

③ ASTM International. Standard terminology relating to forensic science：E1732－12［S］. West Conshohocken：ASTM International，2012：3.

④ FORENSIC SCIENCE REGULATOR OF UK HOME OFFICE. Codes of practice and conduct for forensic science providers and practitioners in the criminal justice system（FSR－Codes，issue3）［EB/OL］.（2016－02－12）［2022－02—20］. https：//assets. publishing. service. gov. uk/government/uploads/system/uploads/attachment _ data/file/499850/2016 _ 2 _ 11 _ － _ The _ Codes _ of _ Practice _ and _ Conduct _ － _ Issue _ 3. pdf：54.

布的物证鉴定方法，由专业/行业组织制定、发布的物证鉴定方法①，公布于经同行评审的科学期刊、报告上的物证鉴定方法，以及其他方法。当然，也可以按照物证鉴定领域不同的分支学科专业对各种方法加以细分。由此可见，作为技术资源的方法，其自身也是一个庞大的体系。

二、从司法应用角度理解物证鉴定方法

物证鉴定方法不是孤立的存在，而是与一定的应用需求和实践主体密切关联的。正是由于司法审判中产生了对具体案件的事实认定（司法审判导向）需求，以及刑事案件侦查中为了能够从物证里准确、快速识别相关信息并期望获取有用法证情报（forensic intelligence）以指导战略、战术和具体行动（刑事情报导向）的需要②，人们才会选择、使用某一特定的物证鉴定方法，即方法和语境之间是密切关联的。另外，方法不仅仅是仪器、设备、耗材，还与人员及其能力密切相关，而且后者往往会起主导作用。也就是说，方法制定、发布后，并不意味着不同的实践者就能够有效、可靠地将方法运用于特定的预期用途，并取得预期效果，这当中需要人为干预和控制。笔者认为，从司法应用的角度理解物证鉴定方法，对从整体上更好地把握物证鉴定方法管理的相关规则是有意义的。

（一）美国《联邦证据规则》确立的专家意见证据可采性的法律准则概要

美国《联邦证据规则》于1975年颁布实施，是指导联邦法院系统刑事和民事诉讼活动中证据运用的重要规定。1993年，联邦最高法院在道伯特诉梅理尔·道制药（Daubert v. Merrell Dow Pharmaceuticals）一案的裁决中对该条款进行了解释，认为其应当替代1923年由联邦法院华盛顿特区上诉法庭在弗赖伊诉合众国（Frye v. United State）案件中所确立的关于专家意见证据可采性的"普遍接受"（general acceptance）法律准则，科学专家意见可采性必须依赖于其科学上的可靠性（scientific reliability），并提出了著名的"道伯特

① 关于物证鉴定领域中不同类型组织发布的不同种类的标准、指南，建议读者可参考美国国家标准和技术研究所（NIST）下属法庭科学 OASC 组织发布的最新版本的"外部标准和指南目录"。

② EVA BRUENISHOLZ, SAMEER PRAKASH, ALASTAIR ROSS, et al. The intelligent use of forensic data: an introduction to the principles [J]. Forensic science policy & management: an international journal, 2016 (1−2): 22−23.

标准"及其五个基本考量要素；法官在评价专家所提出的科学意见时，必须同时考虑该规则当中的其他条款，包括第 403 条和第 706 条。

2000 年，美国国会对《联邦证据规则》第 702 条作出修订，使其表述更为简洁，并在 2011 年对该条款内容的表述风格进行了改变。从目前该条文的表述看，其实际上提出了关于专家意见证据的四个要求，即：

（1）专家的科学、技术或其他专门知识将能够帮助事实审理者理解证据或确定系争事实；

（2）专家证人的作证基于充分的事实或数据；

（3）专家证人的作证是可靠原理和方法的结果；

（4）专家已可靠地将原理和方法应用于案件事实。①

美国总统科技顾问委员会（President's Council of Advisors on Science and Technology，PCAST）在 2016 年 9 月公开的其提交给总统奥巴马的法庭科学专题回应报告中指出，《联邦证据条例》第 702 条提出了专家意见证据可采性的基本法律准则，其第（3）项规定的"可靠的原理和方法"实际等同于科学概念上所指的原理有效性（Foundational validity），即一个特定方法在原理上具有可靠性；而第（4）项规定的专家"可靠地将原理和方法应用于案件的相关事实"则是科学概念上所指的应用有效性（Validity as applied），即在个案中，一个特定方法已被可靠地应用于实践。② 为了能够实现后者，该报告认为可以提出两条基本检测准则：第一，法证检验人员必须已经具有可靠地应用方法的能力并且实际上已经这样做；第二，法证从业人员对其所提出的鉴定当中的证明价值（probative value）的主张在科学上必须是有效的。③

---

① EXECUTIVE OFFICE OF THE PRESIDENT PRESIDENT'S COUNCIL OF ADVISORS ON SCIENCE AND TECHNOLOGY. Forensic science in criminal courts：ensuring scientific validity of feature-comparison methods ［EB/OL］.（2016-09-30）［2022-01-30］. https：//obamawhitehouse. archives. gov/sites/default/files/microsites/ostp/PCAST/pcast _ forensic _ science _ report _ final. pdf：40-42.

② EXECUTIVE OFFICE OF THE PRESIDENT PRESIDENT's COUNCIL OF ADVISORS ON SCIENCE AND TECHNOLOGY. Forensic science in criminal courts：ensuring scientific validity of feature-comparison methods ［EB/OL］.（2016-09-30）［2022-01-30］. https：//obamawhitehouse. archives. gov/sites/default/files/microsites/ostp/PCAST/pcast _ forensic _ science _ report _ final. pdf：4-5.

③ EXECUTIVE OFFICE OF THE PRESIDENT PRESIDENT's COUNCIL OF ADVISORS ON SCIENCE AND TECHNOLOGY. Forensic science in criminal courts：ensuring scientific validity of feature-comparison methods ［EB/OL］.（2016-09-30）［2022-01-30］. https：//obamawhitehouse. archives. gov/sites/default/files/microsites/ostp/PCAST/pcast _ forensic _ science _ report _ final. pdf：6.

（二）英国《2014 年刑事程序条例》确立的专家意见证据的审查要素概要

英国英格兰和威尔士地区 2014 年修订的《刑事程序条例》第 33.4 条（h）项规定，专家意见报告必须"涵盖法庭在确定专家意见是否足够可靠地具备作为证据的可采性时可能需要的各种信息"[1]，即要求报告能够明确地提供有关信息以协助法庭确定证据是否具备可采性。为落实该条款要求并增强可操作性，英格兰和威尔士皇家首席大法官修订了相应的"刑事实务指引"（Criminal Practice Direction）。

在 2014 年修订版指引文件中，新增加的第 33.5 条明确了法庭在确定专家意见证据可靠性时应考虑 8 个方面的具体因素。[2]

（1）专家意见基于的数据范围及其质量，以及形成意见所依据方法的有效性；

（2）如专家意见是从任何发现（findings）中进行推断而形成的，则该意见是否合适地解释了该推论之稳妥或风险程度（是否参考了统计学特征或其他合适的条件）；

（3）如专家意见是依赖于其所使用方法（例如通过进行检测、测量或调查等）的结果时，则该意见是否充分考虑了对这些结果的准确或可靠性造成影响的相关因素，如精密度（precision）或不确定度的范围等；

（4）当专家意见是基于一定的材料而作出时，则这些材料是否接受过相关专业人士评审（例如发表于经同行评审的出版物等）以及其在对这些材料进行评审过程中是否持有意见；

（5）专家意见所依赖的基础性材料是否超出了专家自身的专业范围以及超出的程度；

（6）专家所获得信息的完整性，以及专家在达成意见时是否考虑了所有的相关信息（包括与意见有关联的任何事实的背景信息）；

（7）如就系争问题所提出的专家意见是存在一个范围的，则专家意见处于

---

[1] UK STATUTORY INSTRUMENTS. The criminal procedure rules 2014（2014 No. 1610（L. 26））［EB/OL］.［2022 - 01 - 30］http://www. legislation. gov. uk/uksi/2014/1610/contents/made：197-198.

[2] COURTS AND TRIBUNALS JUDICIARY. Criminal practice directions：amendment No. 2 ［EB/OL］.（2014-07-23）［2022-01-30］. https://www. judiciary. gov. uk/publications/criminal-practice-directions-amendment-no-2/：24-25.

这个范围当中的位置以及专家是否就其倾向（preference）已作出合理解释；

（8）专家所采用的方法是否遵从了本领域已被确立的实践形式，如果不是的话，专家是否对所产生的偏离进行了合理解释。

（三）关于物证鉴定方法科学有效性的考虑

从宏观的角度观察，物证勘查、检验、比对和诠释方法是我们为了获得关于物证的科学认识结果而需要经历的基本过程。物证鉴定方法只有在确立了其科学上的可靠和准确特性的基础上，方能够被认为在科学上是有效的。因此，研究、实验和应用往往能够为物证鉴定方法的科学有效性提供客观的过程基础。例如，指纹印痕比对鉴定方法（同一认定方法）所描述的一般过程，包括分析、比对、诠释和验证（ACE-V）等步骤，已被实践和科学研究所证明是可靠和具备准确度的。但是，我们应当同时认识到，方法本身不等同于意见（opinion）。意见是依赖于实践主体基于对所获得结果的认识而进行的诠释。当人们认定现场物证印痕与样本印痕之间具备客体的同源性时，其科学上的有效性取决于作出认定同一的诠释、判断时所秉持准则的科学有效性。也就是说，使用科学上有效的方法也并不必然地说明由此过程所获得的结果均会具备可靠的科学基础。

因此，站在质量管理的立场分析，意见所依赖的诠释、判断准则很大程度上需要科学研究予以证明并提供基础；针对方法的管理机制、规则必然涉及意见诠释、判断准则的科学有效性，但总体仍然侧重于保证方法运用过程的科学有效性。例如，澳大利亚法庭科学专业组织"澳新国家法庭科学研究所"（ANZPAA NIFS）发布的专题报告《法庭科学基础指南》[①] 从管理的角度提出了保证鉴定方法科学有效性和可靠性的主要考虑因素（见表 4-1），其具有启发意义。

---

① ANZPAA NIFS. A guideline to forensic fundamentals－identifying the underpinning science of human based forensic science disciplines ［EB/OL］. ［2022-01-30］. https://www.anzpaa.org.au/ArticleDocuments/220/A%20Guideline%20to%20Forensic%20Fundamentals.pdf.aspx: 6-8.

表 4-1　ANZPAA NIFS 专题报告中提出的保证鉴定方法

科学有效和可靠的考虑因素

考虑因素	具体内容
外部/内部实证研究	· 能对科学方法论和所能获得意见结论进行解释； · 已发表在被承认的、经同行评审的科学期刊上； · 使用准确收集的客观实验材料； · 使用统计学上显著的样本数
专业程度	识别所需专业层次（例如通过与非专家人员对比进行识别）
培训	建立结构化培训项目（包括对照国家指南或训练标准要求）
确认	使用准确收集的客观实验材料，并考虑： · 准度性和精确性； · 特异性和灵敏性； · 重复性和复现性
应用界限	考虑科学和法律的有关规定，包括： · 不同分支学科应用上的界限； · 不同案例应用上的界限； · 可能存在的误差率
科学假设	同样应考虑科学和法律的有关规定，包括： · 检验所依赖的特征集合（feature set）的基础原理； · 如合适之时，实施个案分析时所依据的假设要求等

三、对物证鉴定方法资源实施总体管理的要点

结合前述关于物证鉴定方法的理解以及相关认可准则的要求，笔者认为，对物证鉴定方法资源的管理，主要是围绕其科学有效性和符合预期用途目的而展开的策划、组织、指挥、协调、控制、监督和改进。同时，在广义层面上，物证鉴定方法资源的管理也会涵盖与物证勘查、检验、比对、诠释活动密切相关的研发活动。

（一）物证鉴定方法的覆盖范围

ISO/IEC 17025：2005 条款 5.4.1 指出，实验室应使用合适的方法和程序进行其业务范围内（within its scope）的检测和/或校准活动，包括被检测和/或校准物品的抽样、处理、运输、存储和准备，适当时还包括测量不确定度的评定和运用统计技术分析检测数据和/或校准数据。在法庭科学领域，方法的

覆盖范围还应当包括对数据进行的诠释以及进行符合性判断所依据的方法。[①]
因此，物证鉴定机构在进行方法管理时，首先应当明确所有与物证的勘查、检验、分析、比对、诠释等活动有关的方法均应被纳入管理的范围。例如，在比对方面，ANAB 要求，对于涉及将未知的物质性客体与已知的物质性客体进行比对的各种检测方法，必须在进行比对前首先评估未知的物质性客体上合适于比对的特征，包括合适于进行统计学上的特定性计算的特征评估。[②]

（二）物证鉴定方法的总体控制程序

物证鉴定机构所采用的方法可能源自标准方法或客户提供的方法，也可能来自鉴定机构自己制定的方法或其他非标方法。其中，还包括对标准方法进行的局部改动等。从方法资源要素的总体管理要求方面看，不论是哪一种方法，均应当充分地予以文件化。例如，ILAC−G 19 指南文件提出，所有方法必须被充分文件化，包括用于质量控制的程序以及在合适时包括使用参考物质的程序。[③]

澳大利亚 NATA 法庭科学认可应用准则指出，经过文件化的方法和程序应包含下列合适的内容：

（1）对被检测/检验样品/证物的描述；

（2）需要确定的参数或量；

（3）需要使用的设备/仪器；

（4）对样品制备方法、控制物、标准物质以及校准程序的描述；

（5）警示说明、相关程序中潜在的误差来源或约束条件；

（6）对可疑结果的拒绝接受准则；

（7）所需要记录的数据/观察、所采用的分析方法及相关参考文献。

鉴定方法和程序经过文件化后就成了一种成文信息，并广泛地用于鉴定过程的各个环节当中，因而，其必须受到鉴定机构已建立的文件控制程序的总体控制。物证鉴定机构按照通行准则要求，需要建立可识别文件当前修订状态和分发控制或等效的文件控制程序，给出所有在用的鉴定方法、规范和程序，包

---

① 参见《司法鉴定/法庭科学机构能力认可准则》（CNAS−CL 08：2013）条款 5.4.1 下的注释。

② ANSI − ASQ NATIONAL ACCREDITATION BOARD. AR 3125, ISO/IEC 17025：2017 Forensic testing and calibration laboratories accreditation requirements [EB/OL].（2019−04−29）[2022−01−30]. https://anab. qualtraxcloud. com/ShowDocument. aspx? ID=12371：9.

③ INTERNATIONAL LABORATORY ACCREDITATION COOPERATION. Modules in a forensic science process：ILAC G19：08/2014 [EB/OL].（2014−08−26）[2020−02−20]. http:// ilac. org/?ddownload=805：14, at terms 3. 10.

括其中引用的方法和程序的清单，并且使其易于获得，以便于进行控制和维护，防止鉴定过程中使用了无效和/或作废的文件。① 物证鉴定机构应有专门的人员和工作机制，跟踪鉴定方法的最新进展，定期开展查新活动，以保证其现行有效性，这是对方法资源进行总体控制所必须考虑的。

（三）物证鉴定方法作业指导书的制定

ISO/IEC 17025：2005 条款 5.4.1 要求，如果缺乏相关指导书，(instructions) 将可能影响（jeopardize）检测和/或校准结果时，实验室应有使用和操作所有相关设备的指导书，以及处理和准备检测和/或校准物品的说明，或者两者兼有。该国际标准条款中所指的指导书即 CNAS-CL 01 当中所指的作业指导书。一般认为，当国际的、区域的或国家的标准，或其他公认的规范已包含了如何进行检测和/或校准的简明和充分信息，并且这些标准是可以被实验室操作人员作为公开文件使用的方式书写时，则不需再进行补充或改写为内部程序；而对于方法中的可选择步骤，根据实际情况，可能有必要制定附加细则或补充文件。

物证鉴定机构编写作业指导书/说明的目的，是明确工作内容、权责归属、作业流程与执行方法，将专业知识和实际经验写成人人可用的作业文件，供有关人员遵照执行。作业指导书编写的基本要求有具体清晰、使用简易、实际可行并反映使用者共识。应当根据本机构已有文件的适用性、鉴定实施活动的复杂程度、鉴定和有关辅助人员的总体素质水平、教育培训和训练活动的有效性、人员流动性等方面的具体情况，有针对性地编写各类作业指导书，以有效控制物证鉴定过程的各个环节，确保方法和程序运用的一致性和准确性。②

（四）对物证鉴定方法偏离的控制

从理论方面观察，对方法的偏离，必须在一定的误差范围内、一定的数量、一定的时间段，在经技术判断不会影响检测结果正确、可靠的情况下，获得批准后才允许发生。ISO/IEC 17025：2005 条款 5.4.1 指出了当实际工作需与检测方法偏离（deviation）时所应当同时具备的三个条件：对方法要求的偏离必须是已被文件化的，应当基于技术判断（technically justified）并经过有

---

① 参见 ISO/IEC 17025：2005 标准条款 4.3。
② 中国合格评定国家认可委员会. 司法鉴定/法庭科学机构认可评审员培训教程（试行）[M].
北京：中国质检出版社，2015：225-226.

关授权，获得客户接受。其中，技术判断包括确认和证实，其可以由鉴定机构或以鉴定机构的名义作出，或者是由鉴定机构外的技术机构作出，并应当有偏离的确认记录。偏离的对象，可以是标准的方法，也可以是非标准的方法。超出预定范围使用、扩充和修改标准方法不属于方法的偏离，而属于非标准方法。[①] 可见，通过对方法和程序偏离的控制，特别是对于技术判断方面的控制，能够有效地确保物证鉴定方法的运作处于本机构的控制当中。

第二节　物证鉴定方法的选择和确认/验证

在物证鉴定方法资源管理的过程中，机构首先需要重点关注方法的选择和确认/验证问题。当某一领域存在公布的标准方法时，根据认可准则和有关法律、法规的要求，应当优先选择采用，并进行验证。如果实际情况需要对标准方法的使用范围进行局部改动，或者无相应的标准方法的，则可能需要使用非标准方法或者实验室自行制定的方法，因而，需要实施确认。明确相关认可准则的要求和规定，有利于人们做好方法资源的管理工作。

一、物证鉴定方法的选择

如前所述，物证鉴定方法本身也形成了一个结构庞杂的子系统，正确地选择方法，是开展有效管理的必要条件。ISO/IEC 17025：2005 标准技术要求部分涉及方法要素要求的条款实际上主要将方法从 3 个互有关联的角度作出了如下划分。

(一) 从提出主体的角度划分

从提出方法的主体方面看，方法可分为客户指定或建议的方法和实验室采用的方法。一般而言，实验室应当采用满足客户需求并适用于所进行的检测和/或校准的方法；当认为客户建议的方法不适合或已过期时，实验室应通知客户。

---

① 中国合格评定国家认可委员会. 司法鉴定/法庭科学机构认可评审员培训教程（试行）[M].
北京：中国质检出版社，2015：225—226.

（二）从发布主体、场合的角度划分

从发布方法文件的主体、场合方面看，方法分为：以国际、区域或国家标准发布的方法，知名的技术组织或有关科学书籍和期刊公布的方法，由设备制造商指定的方法，实验室制定的方法。

以国际标准发布的方法，主要是指如 ISO（国际标准化组织）、IEC（国际电工委员会）、ITU（国际电信联盟）、WHO（世界卫生组织）等国际标准化机构发布的标准方法。

以区域标准发布的方法，主要是指如欧洲标准化委员会（英文字母缩写为 CEN，发布的标准代号为 EN）、泛美技术标准委员会（英文字母缩写为 COPANT，发布的标准代号为 PAS）、非洲地区标准化组织（英文字母缩写为 ARSO，发布的标准代号为 ARS）等区域标准化机构发布的标准方法。

以国家标准发布的方法，主要是指由各个国家层级的标准化机构发布的标准，如中国国家标准化委员会（英文缩写为 SAC）发布的中华人民共和国国家标准（GB 系列）、英国标准学会发布的国家标准（BIS 系列）、德国标准化学会（DIN 系列）以及澳大利亚标准化协会发布的国家标准（SA 系列）等。

在法庭科学及其下属的物证鉴定子领域内，还会经常采用相关知名技术组织，如 ASTM（美国试验和材料协会）、AES（美国音响工程学会）、AOAC（分析化学家协会）以及各分支专业领域的科学工作组（如 SWGDOC、SWGFAST、SWGDE、SWGTREAD）等机构，以及一些国际组织如联合国毒品和犯罪问题办公室（UNODC）发布的方法和程序指南。也有一些方法会在法庭科学专业会议上发布，并经有关机构转化为实验室制定的方法。

（三）从标准化程度的角度划分

从标准化程度看，方法可分为标准方法和非标准方法（标准方法中未包含的方法）。从标准化理论的角度分析，由于以国际、区域或国家标准发布的方法能够较大程度上反映各方的一致共识，并且制定过程中有相对充分的输入和资源支持，体现了较高程度的一致性，因而，应当在检验、检测过程中优先采用。而非标准方法包括新的检测和或校准方法，由于适应现实的需求，也可以成为实际检案中采用的方法。如超出预定范围使用、扩充和修改标准方法也属于非标准方法。对于鉴定机构制定的内部方法，如果有可靠的客观证据材料表明方法确认的有效性以及符合认可准则的要求，合格评定认可机构也会予以推荐认可，列入认可证书中机构的能力范围内。

同时，需要说明的是，我国现行《司法鉴定程序通则》第二十三条所要求的鉴定人实施鉴定时采用技术标准、规范和方法的一般顺序，是鉴定实施过程中方法适用的一般性管理规范，物证鉴定机构在实施方法资源要素管理，特别是方法选择时，应当予以兼顾。

综上，选择能够满足鉴定要求的合适物证的鉴定方法，需要兼顾本学科专业领域的实际情况，坚持满足客户需求、适用于所进行的检测/检验，并满足法律、法规和有关机构要求的原则。在使用前，应当进行方法识别，即对方法是标准方法还是非标准方法的识别。对标准方法，应识别其有效性、适用性以及对方法进行证实；而对非标准方法，应识别方法的确认以及确认的有效性。

二、物证鉴定方法的确认和验证

方法的存在并不意味着机构自然地能够有效加以控制和实施。按照ILAC-G 19指南文件的要求，不论鉴定机构是依据 ISO/IEC 17025 还是 ISO/IEC 17020 运行其体系，都必须确保检验/检测方法均符合预期用途目的；而为了证明方法的合乎目的性，物证鉴定机构需要引用合适的确认/验证数据。目前，不少国家（地区）已经按照通行国际标准的要求开展物证鉴定方法的确认和验证。[①] 在物证鉴定方法的管理过程中，方法的确认和验证是一项技术性和专业性都十分强的活动，对于标准方法和非标准方法有不同的管理要求和规定。

（一）方法确认和方法验证之间的关系

在质量管理体系中，确认和验证是相互关联又有明显区别的术语。确认（validation）是指通过提供客观证据对特定的预期用途或应用要求已得到满足的认定。验证（verification）是指通过提供客观证据对规定要求已得到满足的认定。[②] 从事检测活动的实验室必须证明方法是能够满足预期用途目的的，以使得实验室客户对应用方法所获得结果具备信心。方法的确认和方法的验证均

---

① 例如，英国内政部下属的应用科技中心（Center for Applied Science and Technology，CAST）为满足合格评定认可机构（UKAS）和行业监管机构（FSR）的要求，于 2012 年编写、发布了专题报告《指纹资源手册》（*Fingerprint Source Book*），对在犯罪现场和实验室环境下常规采用的手印增强/显现技术（包括手印的勘验、显现、成像三大体系）进行分析，从各个具体方法的发展史、基本理论依据、CAST 实施程序、方法适用中的关键问题、应用、替代方法和过程、后处理、确认和操作经验、参考文献等方面进行较为详细的阐述，并作为其按照 ISO/IEC 17025 的相关要求实施方法管理，特别是方法确认的客观证据，体现了其贯彻落实通行国际标准的意识。

② 参见《质量管理体系　基础和术语》（GB/T 19000—2016）条款 3.8.12 和条款 3.8.13。

能为方法的符合目的性提供客观证据，即表明特定用途的特定要求已经获得满足。例如，当检测实验室拟应用已经过外部确认的标准方法时，由于这些方法在研制过程中已经过较为充分的确认并表明其满足已被界定范围内的预期用途，机构应当考虑实施相应的验证工作。方法验证研究的范围和程度要求相对方法确认的要求为低，但最低限度上，其应当表明在本实验室所能够提供的检测条件下确实能够达到公布方法中列明的表现特性要求。而对于非标准方法以及实验室内部制定的方法等方法，应当进行方法确认。参考有关文献①，从实验室管理决策的角度看，可以将方法确认和方法验证的适用前提及其之间的相互关系梳理为图 4-1。

---

① NATIONAL ASSOCIATION OF TESTING AUTHORITIES. Technical note 17 - guidelines for the validation and verification of quantitative and qualitative test methods [R]. Sydney：NATA, 2013：31.

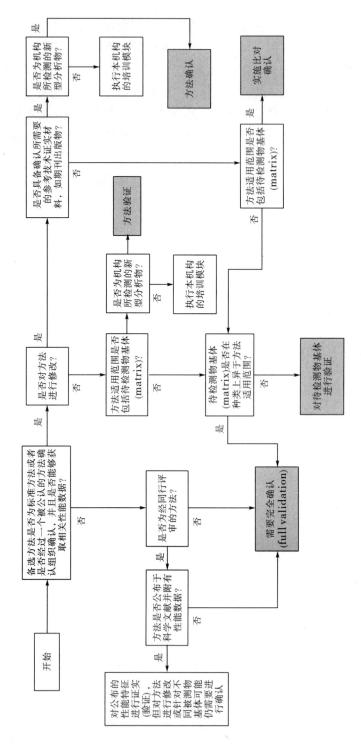

图4-1 物证鉴定机构对方法实施管理的决策过程示意图（方法确认和方法验证）

（二）物证鉴定机构对方法的验证

一般地，对于标准方法，以及部分能够提供确认数据报告的发布于经同行评审科技文献上的方法，物证鉴定机构在投入使用前只需要对其进行验证。当然，如果标准化机构和公认的技术组织所发布的标准方法文件中并未附带提供有关的确认报告，或者方法文件中的工作特性全部或部分未经确认，此时，由于无法直接对其进行验证，因而，按照通行的要求，应对其进行确认而非验证。同时，对于先前已经过确认的方法进行局部改动的，例如，使用同一类型但不同厂商生产的色谱柱，以及改变样品稀释的规定等，则宜进行验证以表明这些局部改动不会改变方法的预期结果输出。

在理论上，设置方法验证要求的主要目的是促使鉴定机构在实际使用标准方法前，通过客观证据表明/证实其操作人员在本机构的环境条件下运作自有设备应用这些方法所获得的结果，与标准方法所提供的确认数据具有一致性。同时，机构使用方法前所进行的验证应当包含与现有的经确认的方法之间的统计相关性。

在对方法实施验证时，一般是通过判断运用方法所获得的验证数据是否满足方法所要求的系统合适性规定，以及是否满足不同类型方法所要求的准确度、精确度和其他方法参数要求。可以通过下列 6 个方面表明某个具体方法的性能：

（1）使用空白或非嫁接的媒介，以评估是否被污染；

（2）使用实验室控制样品以评估方法的准确度（accuracy）；

（3）实施重复操作以评估方法的精密度（precision）；

（4）通过定期分析校准核查标准物；

（5）使用控制图监控质量控制样品；

（6）实施性能测试项目以表明被检测材料能够在基底（matrix）、分析参数、浓度水平等方面具有代表性等。

方法验证过程中所考虑的关键参数主要取决于方法的类型和可能适用于检测的样品范围。但总体而言，方法验证评估过程中所使用的样品，应当具有统计学上的显著性并且能涵盖预期使用的结果的所有范围。对于获得定量结果的方法，验证所考虑的关键因素在最低限度上应当包括测量偏移以及测量的精密度；对于微量分析，机构实施验证时应当考虑方法所能够达到的检出率（limit of detection，LOD）和定量检测限（limit of quantitation，LOQ）是满足预期用途的；而对于获得定性结果的方法，则要求考虑与现有的经确认的方法进行相关性研究（correlation studies）以及与已知结果进行比对。

（三）物证鉴定机构对方法的确认

非标准方法、实验室制定的方法在使用前应当经过确认。方法确认工作既可能由科学团体完成（如标准方法），也可能由物证鉴定机构自己完成（如实验室制定的方法和对标准方法的修订等）。与方法验证相似，方法确认所依赖的性能参数取决于方法的预期用途。例如，当方法是用于获得定性结果时，那么不需要测试和确认方法的线性度。通常而言，方法确认的研究可分为比较确认和初始（原始）确认。比较确认（comparative validation）的目的，主要是通过比较方法确认参数，表明在相同的研究或不同研究中用以获得数据的两种或多种方法具有同等效能。而初始确认（primary validation）主要是针对无法进行比较确认的场合而实施的，包括实验室制定的方法、超出预期范围使用标准方法等。在引入方法前所进行的初始确认，其实际上可被视为一个探索的过程，这包括为方法设定操作界限，并为相关的替代、新引进或者非经充分特征化方法确立效能特性。表 4-2 列出了进行物证鉴定方法确认以及方法验证时所应考虑的效能特性。

表 4-2　物证鉴定方法和验证的一般考量因素（效能特性）

需要评估的特性	确认		验证	
	定量方法	定性方法	定量方法	定性方法
检出限和定量限（LOD & LOQ）	√	—	√	—
灵敏度（sensitivity）	√	√	√	√
选择性（selectivity）	√	√	√	√
线性范围（linearity of calibration）	√	—	√	—
测量区间（measuring interval）	√		√	
基质效应（matrix effect）	√	√	√	√
测量正确度、偏移（trueness、bias）	√	√	√	√
精密度/准确度（Precision/Accuracy）	√	√	√	√
耐用性（ruggedness）	√	√	—	—
测量不确定度（measurement uncertainty）	√	—	*	—

注：√表示常规需要考虑该要素；

—表示常规不需要考虑该要素；

＊ 如果一个被公认的方法规定了测量不确定度主要来源的值的极限，并规定了计算结果的表示方式，则机构在遵守该鉴定方法和鉴定文书的说明时，将被认为满足了 ISO/IEC 17025 的相关条款要求（可参见 CNAS-CL 08：2013 条款 5.4.5.2 注释 2——笔者注）。

此外，物证鉴定机构在方法确认过程的管理方面，也需要遵守一些基本规则。例如，FSR-Codes 指出，鉴定机构关于方法确认的已被文件化的政策和程序必须描述参与实施确认人员的角色和职责、关键步骤的授权，以及对确认结果的评审（参见条款 20.2.3）。方法确认的一般程序包括：确定终端用户的要求和规定，方法的风险评估，对终端用户需求和规定的评审，验收准则，确认方案，开展确认的结果，与验收准则之间符合性的评定，确认报告，确认完成的陈述，方法运行方案（参见条款 20.2.5）。确认方法时应首先使用模拟的检案材料，并且在可行和合适之时，经过批准后使用实际案件的检案材料以证实确认的稳健性（参见条款 20.7.3）。在评定方面，不应该由参与方法研发或方法确认的人员对实验所获结果与规定要求之间的符合性进行独立评定（参见条款 20.13.1）。机构应当制作一份详尽的确认报告，使对其所实施工作的充足性评审得以进行，并证明方法、产品或服务符合规定和预期用途。这份确认报告无须涵盖所有的实验数据，但是应提供关于这些数据的摘要，并且保留原始数据备查（参见条款 20.14.1）。机构应有运作新方法、设备或服务的方案。这个方案应当涉及下列相关内容：

（1）如果需要对旧案件进行重新回顾的，则应指出经修订的或者新的方法能够提供的新的分析机会，并且如果相关时，向客户沟通相应的利弊；

（2）标准操作规程（包括评审/诠释/报告结果的过程）或者操作说明；

（3）人员培训要求、能力评定和对人员能力的持续监控机制；

（4）与现有方法的整合；

（5）如果预期该方法将纳入认可范围，则相应需要实施的相关工作步骤；

（6）为证明方法在其使用过程中始终处于满意的控制之中而使用的监控机制；

（7）仪器校准、监控和维护的规程；

（8）标准物质/参考物质的供应和溯源性；

（9）重要材料、耗材和试剂的供应和质量控制；

（10）证物处理和防治污染的规程；

（11）内务；

（12）特定的健康和安全、环境保护、数据保护和信息安全方面的安排；

（13）沟通和宣贯；

（14）进行方法运作后检讨的具体时间表（参见条款 20.17.1）。

（四）物证鉴定机构对涉及运用专业判断的方法进行确认/验证

ISO/IEC 17025：2005 标准条款中提出的方法在投入使用前必须进行确认和验证的要求，既适用于分析型方法，也适用于基于诠释的决策或涉及主观专业判断的各种方法，包括笔迹、枪弹痕迹、语音同一性分析以及毛发的显微镜比对等鉴定项目中所采用的方法。尽管对于基于诠释的决策或涉及主观专业判断的各种方法的方法确定和方法验证要求，不如对于分析型方法的确认和验证要求那么多，也没有形成"约定俗成"的规则体系，物证鉴定机构仍然应当贯彻 ISO/IEC 17025 条款精神，切实执行方法确认和验证的规定，确保方法运行和结果的一致性和有效性。

1. 对涉及运用专业判断的方法进行确认/验证应当考虑的主要效能参数

一是关于方法的精密度，主要是指重复性和复现性。在测量领域，精密度是指在规定条件下对同一或类似被测对象重复测量所得示值或测得值间的一致程度。重复性（repeatability，JJF 1001—2011 5.13）是指在一组重复性测量条件（即相同测量程序、相同操作者、相同测量系统、相同操作条件和相同地点，并在短时间内对同一或相类似对象重复测量的一组测量条件）下的测量精密度；复现性（reproducibility，JJF 1001—2011 5.16）则是指在复现性测量条件（即不同地点、不同操作者、不同测量系统对同一或类似被测对象重复测量的一组测量条件）下的测量精密度。对于涉及运用主观专业判断的方法而言，当检验分析人员获得的结果能够与已知测试结果相一致时，该方法就被认定为有效。因而，在方法重复性方面，可通过不同检验分析人员对相同的特定方法效能表现证据进行评审的一致程度，以及同一检验分析人员多次对相同的特定方法效能表现证据进行评审的一致程度，来评价是否符合要求。在方法复现性方面，则应考虑从采用该方法的内部一致性以及采用替代评审试验的等效性来评价是否符合要求。

二是关于方法的检出概率以及潜在误差率。检测概率（probability of detection，POD）以及潜在误差率（protential error rate）是运用专业判断的方法进行确认/验证时主要考虑的因素，两者一般都是以百分数的形式给出相关信息。检测概率主要是指检测方法能够正确地识别被测量的似然性。正如 ISO/IEC 17025：2005 标准指出的，确认通常是成本、风险和技术可行性之间的一种平衡（条款 5.4.5.3 下注 3），因此，实际上面临新的要求和情形时，由于缺乏时间、检测样品以及其他条件限制，机构往往难以获得关于方法运作的实证数据，因而，需要考虑综合运用物理模型、统计分析方法以及经验修正相结合的方式，评估特定方法的检测概论。对于潜在误差率，一般研究分析参与能力验证计划或实验室间比对活动的结果后予以确定。同时，应当注意对所谓误差的界定。此外，专业灵敏度和选择性也是专业判断方法确认/验证时所需要顾及的方面。

2. 对涉及运用专业判断的方法进行确认/验证所采用的相关控制

总括而言，对于运用专业判断方法的确认/验证，应从关键性（风险）分析、协作实践、质量控制、人员能力监控以及方法公认度方面进行控制。例如，FSR－Codes 指出，对诠释型方法的性能和效能的要求主要在于实施人员的能力，以及这些人员是如何证明其能够提供与其他有能力的人员所获得结果具有一致性、可复现性、有效性和可靠性的结果。可通过下列方式及其组合实现：

（1）由其他具有能力的人员对结果和意见进行独立证实（例如，证实的人员并不知晓先前人员所获得的结果或所作出的意见）；

（2）参加实验室间比对（能力验证）；

（3）取得公认的并且是相关的外部专业组织的承认；

（4）在机构内部策划通过使用阳性/阴性对照物的能力测试项目对过程进行评审。[①]

物证鉴定机构在实施涉及专业判断的方法确认和验证时，可参考上述提及的 4 个方面进行控制设计。

---

① FORENSIC SCIENCE REGULATOR OF UK HOME OFFICE. Codes of practice and conduct for forensic science providers and practitioners in the criminal justice system（FSR－Codes，issue3）[EB/OL].（2016－02－12）[2022－02－20]. https://assets. publishing. service. gov. uk/government/uploads/system/uploads/attachment _ data/file/499850/2016 _ 2 _ 11 _ － _ The _ Codes _ of _ Practice _ and _ Conduct _ － _ Issue _ 3. pdf；31－32，at terms 20. 9. 1.

第三节　物证鉴定方法的测量不确定度评定

物证鉴定机构对方法资源要素所实施的管理工作范围面广，需要专门的技术管理人员和各专业的鉴定人员通力合作。在对方法进行确认和验证时，应重视其中所涉及的测量不确定度（measurement uncertainty，MU）的来源及其评定问题。尽管在物证鉴定专业领域某些检验、检测结果不是用数值标示或不是建立在数值基础上，不要求对不确定度进行评估，然而按照 ISO/IEC 17025 相应条款的精神，物证鉴定机构应当积极地理解在任何可能的情况下其运用方法所能获得结果的变化的可能性及其范围，这有利于协调方法运用过程和结果的一致性，保证鉴定的质量。

一、测量不确定度的相关理论概要

在今天看来，测量不确定度并非一个全新概念。早在 20 世纪初期，著名科学家艾尔伯特·爱因斯坦（Albert Einstein）在其发表的研究中便已经采用了测量不确定度评定中的一些基本原理并报告了相关的测量不确定度。科学界，包括法庭科学领域，实际上在 20 世纪较早时期就采用了测量不确定度中的一些基本概念和原则，只是不同机构在不确定度的具体评定和表示方式上存在较大的差异。[①] 1977 年以后，国际范围内对测量不确定度的评定和表示方法

---

① AMERICAN SOCIETY OF CRIME LABORATORY DIRECTORS/LABORATORY ACCREDITATION BOARD. ASCLD/LAB Guidance on the estimation of measurement uncertainty—overview（AL－PD－3061 Ver 1.0）［R］. North Carolina：American Society of Crime Laboratory Directors / Laboratory Accreditation Board，2013：5—6.

逐步形成了相对一致性。^① 当然，测量不确定度的相关理论仍处在不断发展过程中，涉及较为复杂的数学和数理统计领域的专业问题，这已经超出了本书的讨论范围。此处主要就测量不确定度的概念和相关理论作简要阐述。

（一）测量不确定度的概念

如前所述，人们可以通过测量获得事物的相关信息，测量过程需要使用不同形式的设备并涉及量的比较以及实体计数。对量进行测量所获得的结果，始终受制于测量系统、测量程序、操作人员的技能、环境以及其他方面的影响，因而，在理论上可以认为，所有测量均是不完善的。测量溯源性和测量不确定度分别是表征测量结果准确度和精密度的两个互为关联的概念。测量中的不确定度，实际上告诉我们的是关于这个测量活动品质的信息。^② 在国际计量学词汇（VIM）以及我国通用计量术语（JJF 1001—2011）中，测量不确定度被定义为：根据所用到的信息，表征赋予被测量量值分散性（dispersion）的非负参数。^③

一般而言，测量仪器和设备所给出的结果是示值（测得的量值）。假设测量系统具有足够的分辨力（resolution）以区分两个示值，尽管我们可以对被测量进行多次测量，并且均以相同的方式、在相同的环境下进行，总体而言，各次测量将可能得到不相同的示值。从理论方面观察，测量仪器和设备给出的示值的分散情况与所实施的测量是否良好关系密切，而其平均值将能够为我们提供一个对于量的真值（true value）的评估，这在总体上较之仅读取一个示

_____

　　① Uncertainty of measurement－part 3：guide to the expression of uncertainty in measurement (en)：ISO/IEC Guide 98－3 [S]. Geneva：International Organization for Standardization，International Electrotechnical Commission，2008：1 (Foreword). 1995 年，《测量不确定度　第 3 部分：测量不确定度表示指南》（ISO/IEC 导则 98－3）标准发布。1997 年，国际计量局（BIPM）以及国际电工委员会（IEC）、国际临床化学联合会（IFCC）、国际实验室认可合作组织（ILAC）、国际标准化组织（ISO）、国际纯粹与应用化学联合会（IUPAC）、国际法制计量组织（OIML）等国际组织发起成立的一个计量学指南联合委员会（JCGM）负责制定《测量不确定度表示指南》（英文缩写和简称为 JCGM GUM，由 JCGM 下属的第 1 工作组具体负责）和《国际计量学词汇　基础通用的概念和相关术语》（英文缩写和简称为 VIM，由 JCGM 下属的第 2 工作组具体负责）两份文件。JCGM 于 2008 年正式发布了《测量数据的评估——测量不确定度表示指南》（JCGM 100：2008）文件。ISO/IEC 在 JCGM 100：2008 文件的基础上将原 1995 年版本的 GUM 标准文件进行局部修订后也于 2008 年发布，即现行的 ISO/IEC Guide 98－3：2008 标准。

　　② STEPHANIE BELL. The beginner's guide to uncertainty of measurement（NPL good practice guide No. 11）[EB/OL]. （2019－7－18）[2022－01－30]. https：//eprintspublications. npl. co. uk/1568/1/MGPG11. pdf：1.

　　③ 参见《通用计量术语及定义》（JJF 1001—2011）条款 5.18。

值而言将是更为可靠的。同时，示值及其分散情况能够提供与平均值有关的信息，并且可以成为对真值的一种评估。应当看到，这方面的信息通常是不充分的。测量系统可能给出一种离散分布于真值周围的示值，同时，其也会给出偏移（offset）于真值的示值。这个偏移值和真值之间的差，在有些情况下会被称作系统误差值（systematic error value）。系统误差作为一个量，是恒定存在的或取决于其他量的作用方式而存在的误差的一个分量。大体上，存在两种测量误差量，即系统的和随机的（random error quantity）。系统误差，即对测量偏移的一种评定，意味着量的测得值当中包含着一个偏移。随机误差则意味着重复测量时将通常给出一个与先前的值不同的测得值。所谓的随机，是指无法根据先前的此类测得值准确地预测下一个测得值。总体而言，每一类误差均有多方面的贡献因素。

由于误差的客观存在，因此，对测量活动而言，人们所面临的一个迫切需要，便是应当如何实现最优化地表示对被测量（measurand）的理解。在引入 GUM（《测量不确定度表示的指南》）之前，人们所采取的相对一致的做法，是作出对测量有关的系统和随机误差值的表述，并将其与被测量的一个最佳评定一并使用；而 GUM 提供了关于测量的另外一种思考方式，特别是为人们表示测量中所认识到的量的结果提供了指导。概括而言，与过往所采用的通过给出对被测量的一个最佳评定，以及提供系统和随机误差值的信息的方式（即"误差分析"的形式）表述测量不同，GUM 所提出的方法是在给出关于被测量的一个最佳评定的同时，也提供一个相关联的测量不确定度。

GUM 方法的一个基本前提在于：存在这样一种可能性，即在描述测量的品质特征时，将系统的和随机的误差放在同一个基础上进行考虑，并且也有实际的操作方法加以支持。这种方法对过往在"误差分析"当中所给出的信息进行提炼，并通过引入测量不确定度的概念将测量建立在概率论的基础之上。

GUM 方法的另一个基本前提在于：实际上人们难以陈述在多大程度上认识到这个实质上唯一的真值，而只能够陈述在多大程度上相信对其的认识。因而，测量不确定度能够作为描述某人相信其认识实质上唯一的真值的程度。从 GUM 方法及其应用的角度看，形成关于"置信"（confidence）的理念是十分重要的，因为这将计量学推进至需要对测量结果进行考虑并以概率的方式进行量化以表示其置信度的层次。①

（二）测量不确定度评定和表示的一般方法

计量学理论指出，不确定度一般由若干分量组成，某一些分量可根据一系列测量值的统计分布②进行相应评定，并可用标准偏差（standard deviation）表征；而另一些分量则可根据基于经验或其他信息所获得的概率密度函数（probability density function）进行相应评定，也用标准偏差表征。前者被称为不确定度的 A 类评定，即对在规定测量条件下测得的量值用统计分析的方法进行的测量不确定度分量的评定；后者被称为不确定度的 B 类评定，即用不同于测量不确定度 A 类评定的方法对测量不确定度分量进行的评定，例如，基于权威机构发布的量值、有证标准物质的量值、校准证书、仪器的漂移、经检定的测量仪器的准确度等级，以及根据人员经验推断的极限值等信息进行评定。③

GUM 法表明，两种评定方法都基于概率分布，且均采用了公认的概率解释。在 GUM 方法框架下不确定度评定的一般方法过程如图 4-2 所示。对于复杂或非线性模型，可考虑用蒙特卡洛法（Monte Carlo）评定不确定度。④ 此外，校准/检测实验室、标准物质/标准样品生产者需要遵守不同的具体要求。

① JOINT COMMITTEE FOR GUIDES IN METROLOGY. Evaluation of measurement data—an introduction to the "guide to the expression of uncertainty in measurement" and related documents (JCGM 104：2009) [EB/OL]. [2022-01-30]. http://www.bipm.org/utils/common/documents/jcgm/JCGM _104_2009_E.pdf：2-3.

② 典型的统计分布包括高斯分布（正态分布）、矩形分布、三角形分布等。

③ 参见《通用计量术语及定义》（JJF 1001—2011）条款 5.18 下的注释、条款 5.20、条款 5.21 及其注释。

④ 我国计量技术规范《用蒙特卡洛法评定测量不确定度》（JJF1059.2—2012）指出了适用蒙特卡洛法评定测量不确定度的 6 种典型情况。实际使用时，如经过检查，确认 GUM 法明显适用时，依然将 GUM 作为不确定度评定的主要方法。

141

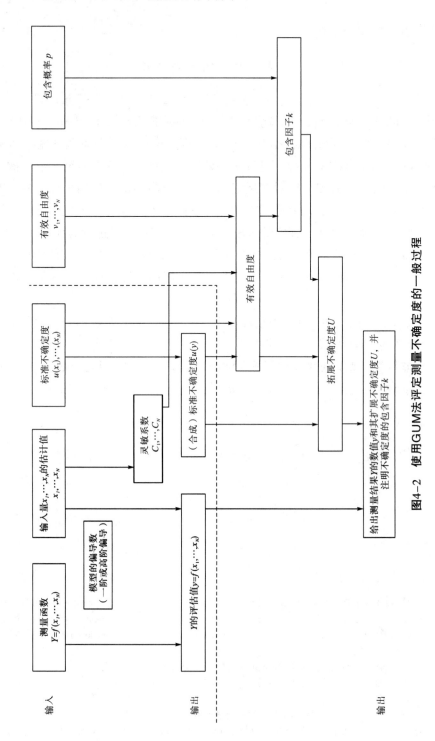

图4-2 使用GUM法评定测量不确定度的一般过程

（三）评定测量不确定度的过程实施步骤

从图 4-2 可看到，在 GUM 方法的框架下，测量不确定度评定的一般流程大体包括 5 个步骤：①分析不确定度来源和建立测量模型；②评定标准不确定度 u_i；③计算合成标准不确定度 u_c；④确定扩展不确定度 U 或 U_p；⑤报告测量结果。[①] 另外，各国有关组织针对 GUM 所提出的一般化的方法实施过程，也相应地制定了测量不确定度评定过程的实施步骤指南。[②] 典型的，如美国国家标准与技术研究院（NIST）第 29 号标准操作规程（SOP）文件《不确定度赋值》提出不确定度评定 8 步骤[③]，英国认可委员会（NPL）发布的第 M3003 号手册《测量中的不确定度和置信的表示》提出不确定度评定 12 个具体步骤等。[④] 参考有关国家计量研究院（NMI）发布指南文件，可将评定测量不确定度基本步骤梳理为表 4-3。

表 4-3 测量不确定度评定的实施步骤

GUM 的一般方法过程	美国 NIST 提出的 8 步骤	英国 NPL 提出的 8 步骤 [⑤]
（1）分析不确定度来源和建立测量模型	（1）规定测量的过程	（1）确定需要从测量中了解何种信息，并且确定为了生成最终结果而实际所需要进行的测量和计算
	（2）识别不确定分量	（2）实施所需的测量

---

① 测量不确定度的评定：JJF 1059.1—2012［S］. 北京：中国质检出版社，2013：9.

② 从实验室认可角度看，ILAC 在其发布的第 17 号指南文件《对检测中的测量不确定度概念介绍和在 ISO/IEC 17025 标准中的应用》中明确指出，测量不确定度概念的运用必须与标准的运用相一致；作为其中的一条基本规则，实验室应将 GUM 以及 ISO/IEC 17025 标准作为基本的准则文件，但是，不同特定领域可能需要对这些规则加以诠释。INTERNATIONAL LABORATORY ACCREDITATION COOPERATION. Introducing the concept of uncertainty of measurement in testing in association with the application of the standard ISO/IEC 17025 (ILAC-G 17：2002)［EB/OL］. (2013 -12-01)［2022-01-30］. http://ilac.org/?ddownload=815：6.

③ NATIONAL INSTITUTE OF STANDARDS AND TECHNOLOGY. Standard operating procedure for the assignment of uncertainty (No. 29)［EB/OL］. (2019-05-13)［2022-01-30］ https：//www.nist.gov/system/files/documents/2019/05/13/sop-29-assignment-of-uncertainty—20190506.pdf：1-2.

④ UNITED KINGDOM ACCREDITATION SERVICE. The expression of uncertainty and confidence in measurement (M3003，Edition 4)［EB/OL］. (2019-10-30)［2022-01-30］. https：//www.ukas.com/wp-content/uploads/schedule_uploads/759162/M3003-The-Expression-of-Uncertainty-and-Confidence-in-Measurement.pdf：22-25.

⑤ STEPHANIE BELL. The beginner's guide to uncertainty of measurement (NPL good practice guide No. 11)［EB/OL］. (2019-7-18)［2022-01-30］. https：//eprintspublications.npl.co.uk/1568/1/MGPG11.pdf：18-21.

续表

GUM 的一般方法过程	美国 NIST 提出的 8 步骤	英国 NPL 提出的 8 步骤 ⑤
（2）评定标准不确定度 u_i	（3）量化不确定度分量	（3）分别评定注入最终结果的各个输入量的不确定度，并以相似的方式表示所有的不确定度（标准不确定度，u）
	（4）转换为标准不确定度	（4）确定输入量的误差是否彼此相互独立（如不是的话则需要进行额外计算或获得额外信息）
（3）计算合成标准不确定度 u_c	（5）计算合成标准不确定度	（5）计算测量结果（包括所有已知的修正，如校准等）
		（6）计算合成标准不确定度
（4）确定扩展不确定度 U 或 U_p	（6）将合成标准不确定度乘以包含因子（k）进行拓展	（7）将不确定度根据包含因子、不确定度区间的大小，以及所表明的置信的水平进行表示
	（7）评定拓展不确定度	
（5）报告测量结果	（8）报告不确定度	（8）记录测量结果和不确定度，并陈述如何获得上述结果和不确定度的方式。

二、法庭科学相关认可准则对测量不确定度评定的基本要求

ISO/IEC 17025：2005 标准的技术部分总则指出，决定实验室检测正确性和可靠性的因素包括人员、设施和环境条件、检测方法及方法确认、设备、测量的溯源性、抽样以及检测物品的处置等（条款 5.1.1）。这些因素对总的不确定度的影响程度在各类检测之间明显不同，因而，各个实验室在制定检测方法和程序、培训和考核人员、选择和校准所用设备时，应当考虑到这些因素（条款 5.1.2）。

在法庭科学测量过程中，有关机构应用各类方法之前必须对方法进行确认/验证，因为各类方法、程序在未经确认和证实之前，其对于鉴定机构和鉴定人而言只是"身外之物"，有标准、规范等事物的存在，并不等同于人就必然地能够正确运用这些事物；无论是自行开发的方法还是由各权威组织发布的方法，只有经过确认/验证，尽可能地将那些为不确定度"作出贡献"的各个因素，例如定义的不完善以及取样的代表性等方面加以分析和评定，并考虑到方法的影响因素，用客观证据表明方法是符合预期的特定目的时，人们才能够运

用这些方法开展鉴定。法庭科学机构在评定测量不确定度时，应当遵守相关合格评定认可机构制定的相关政策。表4-4列出了相关组织和合格评定认可机构发布的相关政策和指南文件。

表4-4 涉及法庭科学机构领域测量不确定度评定的有关政策和指南文件一览

序号	组织名称（英文缩写）	相关政策/指南文件名称
1	国际实验室认可合作组织（ILAC）	ILAC G 7对检测中的测量不确定度概念介绍和在ISO/IEC 17025 中的应用
2	亚太实验室认可合作组织（APLAC）	APLAC TC 005 关于检测中的测量不确定度评定的解释和指南
3	欧洲实验室认可组织（EA）	EA-4/16 G EA 对定量检测中不确定度表示的指南
4	中国合格评定国家认可委员会（CNAS）	CNAS-CL07 测量不确定度的要求
5	原美国犯罪实验室主任协会/实验室认可委员会（ASCLD/LAB）	ASCLD/LAB-International ASCLD/LAB 关于测量不确定度的政策（AL-PD-3060） ASCLD/LAB-International ASCLD/LAB 测量不确定度评定指南（AL-PD-3061）及其附件 A、B、C、D
6	美国实验室认可协会（A2LA）	A2LA G104-检测中的测量不确定度评定指南 A2LA P103-检测实验室测量不确定度评定政策 • P103a-附件 汽车和材料检测实验室测量不确定度评定政策 • P103b-附件 生命科学检测实验室测量不确定度政策 • P103c-附件 电磁检测实验室测量不确定度政策 • P103d-附件 建筑材料和岩土工程检测实验室测量不确定度政策 • P103e-附件 法证合格评定机构测量不确定度政策（按不同分支学科特点分别适用附件 a、b、c、d 的有关规定——笔者注）
7	英国认可委员会（UKAS）	UKAS M3003 测量中的不确定度和置信的表示

概括而言，法庭科学机构应按照 ISO/IEC 17025：2005 标准条款 5.4.6.2 以及 5.4.6.3 的要求，制定并应用评定测量不确定度的程序，对给定情况下的所有重要的不确定度分量（components）均应当采用适当的分析方法加以考虑。例如，ANAB 法证检测机构认可项目的要求文件（AR 3029）指出，法庭科学机构所制定的测量不确定度评定程序应当：

（1）要求指明一个被报告的检测结果中所使用的特定测量装置或仪器已被包括在检测方法当中或者已经按照该检测方法不确定度评定的要求进行评估；

（2）包含对拓展不确定度的数值修约（rounding）过程；

（3）要求拓展不确定度的包含概率不应低于 95.45％（通常称为约 95％），以及指明检讨和/或重新计算测量不确定度的计划日程。[①]

此外，法庭科学机构应当保留测量不确定度评定的相关记录，一般包括：对被测量的描述，叙述测量溯源性的建立方式，所使用的设备（例如测量装置或测量仪器），所有被考虑的不确定度分量，所有重要的不确定度分量及其评估的方式，所有用以评定重复性、期间精密度和/或者复现性的数据，所有进行的计算，合成不确定度、包含因子、包含概率及作为结果的扩展不确定度等。

三、物证鉴定方法中测量不确定度评定的实施

在物证勘查、分析、检验、鉴定活动所应用的方法体系中，有不少方法涉及长度、质量、密度、温度等量的测量。在物证鉴定各分支专业子领域中，有部分项目是需要直接报告数值型结果的。典型的如道路交通事故痕迹鉴定中，依据事故现场上所测量的制动痕迹（skid marks）长度，综合现场情况，计算、推断涉事车辆车速；作出枪支杀伤力的法庭科学分析和判断。而在有的鉴定项目中，鉴定人需要依赖或参考相关测量的结果以获得物证的基础性特征信息，典型的如测量手印的长度、测量笔迹中单字的长宽比和倾斜度、测量印章印文的直径等。不论是对于定性的还是定量的物证检验、鉴定方法，从方法管理的角度看，鉴定机构均应当贯彻通行认可准则的要求和精神，对其中的影响因素（造成结果变化性的因素）进行通盘的、科学的考虑和分析、评定，进而有效地对方法及其运行过程进行控制，以实现既定的鉴定质量目标，提升物证鉴定结果的一致性、准确性和可比性。

在此，笔者拟结合上述提及的测量不确定度的基本理论，以物证现场勘查中遇到的典型情况作为例子进行分析，以期为理解测量不确定度及其评定相关理论提供一些参考。

---

① 例如，FSR-Codes 条款 20.18.2 指出，如对检测程序进行变更的，除了应进行确认或验证外，鉴定机构宜同时审核相应的测量不确定度。

（一）场景描述

道路交通事故的车速鉴定需要运用相关的力学公式进行演算[①]，而各类基础公式和应用公式中所包含的各种技术参数，则来自现场图、现场勘查笔录、现场照片、车辆安全技术检验鉴定报告、涉事人员伤亡的有关检验鉴定报告、机动车行驶证等方面所提供的综合信息。车速鉴定所依据的物证中，最重要的是肇事机动车留在路面上的各种痕迹，包括机动车制动的轮胎拖印、汽车发生侧滑和侧翻时轮胎的擦地印、机动车侧翻后车身在路面上产生的刮地痕迹等。[②] 其中，机动车制动的轮胎拖印形态较为复杂，而比较典型的是对于没有配备防抱死制动系统（ABS）的机动车，事故发生前机动车驾驶员实施紧急制动时把制动踏板踩到底，造成车轮被抱死后，在路面上所遗留下来的形状为黑色的带状痕迹。可以说，抱死制动的轮胎拖印是进行车速鉴定最为直接的依据。

（二）进行测量不确定度评定时的总体考虑

道路交通事故现场实地痕迹勘验工作重点之一，就是对涉事车辆每个车轮的印迹都进行测量，并在现场图上运用各种符号及相关数据标定各个轮胎印迹的起点和终点。从鉴定质量管理角度看，必须考虑上述测量过程中的不确定度问题。同时，应当指出，道路交通事故现场勘查部门对车辆轮胎痕迹长度进行测量的工作不是某种一次性事件（one-time event），而是由同一个事故勘查部门当中的不同专业人员运用不同的测量设备（如卷尺、激光测距仪以及轮式距离测量器等）在一年当中所进行的上百次重复性、经常性的操作。因此，为每一次的现场车辆轮胎印痕长度测量工作单独地进行测量不确定度评定，既不可行也不适宜。因此，人们需要从方法管理的层面上，确立起能够普遍适用于每一次测量的不确定度评定方法。

[①] 例如，我国道路交通事故技术检验、鉴定部门原来广泛采用的公共安全行业技术标准《典型交通事故形态车辆行驶速度技术鉴定》（GA/T 643—2006）附录 A 中列举了交通事故车辆行驶速度技术鉴定常用基础公式。该标准已被废止，现行有效的标准是《道路交通事故车辆速度鉴定》（GB/T 33195—2016）。

[②] 阳兆祥，黎光旭，何小荣，等. 道路交通事故车速鉴定的方法和案例选析 ［M］. 北京：机械工业出版社，2016：4.

（三）分析不确定度来源和建立测量模型

在此处，我们不妨进一步设定，[①] 某一基层交警大队的事故中队配备了 5 名持有省级公安机关交通管理部门颁发的事故处理中级资格的交通警察，而且均接受过良好的培训；民警在测量现场轮胎制动痕迹时所使用的测量工具是同一台经过计量校准的轮式测量设备（一般将其存放在交通事故现场勘查车内）；该部门根据有关要求制定了本部门的作业操作规程文件，所采用的测量方法也经过相应的确认/验证。

按照 GUM 方法的一般流程，评定测量不确定度的第一步是分析测量不确定度的来源，并建立测量模型。从测量过程看，利用轮式测量设备测量现场轮胎印痕长度的方法，主要是根据已知的轮子周长值，计算该轮子转动经过的角度并相应地转换为实际长度。例如，已知某轮子的周长为 0.5m，从痕迹起点到终点，轮子总共转动了 2 圈 36°，则被测量的痕迹长度（L）为：

$$L = 2.0\ 圈 \times \frac{0.5\text{m}}{圈} + \frac{36°}{360.0°} \times 0.5\text{m} = 1.05\text{m} \qquad (4-1)$$

在本例中，从宏观角度，结合一般的经验和有关信息，我们可用因果关系图（cause-and-effect chart）列举和描述所识别出的影响道路交通事故轮胎痕迹长度测量结果的因素（见图 4-3）。

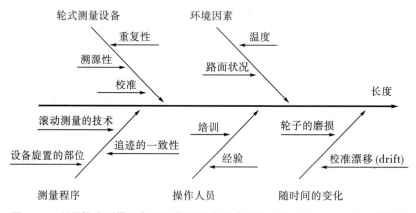

图 4-3　利用轮式测量设备进行轮胎印痕长度测量时影响不确定度的主要因素

---

① 笔者在此处所假定的情况背景以及后续的相应内容，是参考了美国西弗吉尼亚大学苏珊娜（Suzanne Bell）教授著作《法庭科学领域的测量不确定度》第 5 章第 1 节所举的例子，并根据我国实际情况进行了相应改编，特此说明。

从管理角度看，针对这个特定的测量方法，该事故处理中队可从不同角度，结合实证的数据和经验等方面的信息进行有效控制。例如，由于测量仪器必然会随着使用时间的推移而发生变化，例如磨损等，因此，应按照该部门的规定以及设备制造商给出的说明文件定期进行再校准，即每年一次或者每个月校准一次，将设备随时间变化而造成的结果变化程度降至最低。而另一种简便易行的控制方法，就是定期对测量设备的性能进行试验。通过对同一样品重复测量多次（如 10 次），根据测量所得结果确定该设备是否仍处于有效的校准状态。

又如，针对操作人员和测量程序方面造成测量结果的变化，可通过制定标准作业规程，加强人员操作方面的培训，包括指导负责操作的民警如何确保将测量设备正确地定位在痕迹之上并且进行调零。再如，在涉及所使用的测量设备的重复性（即在一组重复性测量条件下的测量精密度）方面，该部门可通过实验方式获取相关信息，即可以选派一名事故处理中队里接受过相关训练并且具有较强实践经验的民警，让其在相同操作条件和相同地点，短时间内对同一个已知长度（假设该测量设备的制造商给出的误差范围为 15m 范围内 ±0.02m，则考虑选取长度 15m 为试样的长度）样品进行重复测量（如 10 次），将 10 次测量结果加以记录并进行相应计算（见表 4—5）。

表 4—5　通过实验所得数据确定测量的重复性和是否需要重新校准设备

类型		长度（m）	备注
约定的真值		15.0	
实验数据	试验 1	15.00	测量设备给出的示值
	试验 2	14.99	测量设备给出的示值
	试验 3	15.00	测量设备给出的示值
	试验 4	15.00	测量设备给出的示值
	试验 5	14.93	测量设备给出的示值
	试验 6	14.97	测量设备给出的示值
	试验 7	15.10	测量设备给出的示值
	试验 8	15.05	测量设备给出的示值
	试验 9	15.04	测量设备给出的示值
	试验 10	15.00	测量设备给出的示值
平均值		15.01	算术平均值

续表

类型	长度（m）	备注
样本标准偏差 s	0.05	计算公式为：$$s = \sqrt{\frac{\sum_{i=1}^{n}(x_i - \bar{x})^2}{(n-1)}}$$ 式中：x_i 为第 i 次测量的测得值；n 为测量次数；$\bar{x}$ 为 n 次测量所得一组测得值的算术平均值
偏移	−0.01	本例中，b_{ias}=15.0m−15.01m=−0.01m

从表 4—5 中数据可知，由于计算所得的偏移值（0.01m）小于制造商给出的误差值（0.02m），因而，该设备处于其校准的状态范围内。应当指出，在评定测量不确定度过程中，机构必须坚持将所有的影响因素加以识别，而不论这些因素被认为对测量结果所带来的影响是大或是小。所有的测量均应以同等谨慎和完整程度予以对待，因为各种因素都可能对测量结果带来重要影响。[①]

（四）通过实证数据评定测量不确定度

按照 GUM 方法的一般流程，在识别出不确定度来源和建立测量模型后，需要继续评定标准不确定度 u_i，计算合成标准不确定度 u_c 以及确定扩展的不确定度 U 或 U_p。相似地，在本例当中，事故处理中队可以通过运用测量保证样本，即通过实验或模拟案例的形式进行重复测量，根据所获的实证数据完成 GUM 方法流程中的其他步骤。

运用实验或模拟案例进行重复测量的根本目的在于收集数据，而非对人员能力进行测验。所设计的实验或模拟案例应覆盖常规业务中所遇到的各种典型情况，如白天和夜晚、气象条件复杂情形、各种路面状况等。

可以假定某交警大队为评定利用轮式测量设备测量事故现场轮胎印痕长度方法中的测量不确定度，要求该事故处理中队的 5 名事故处理民警在连续 5 个工作日内完成如下实验：对同一被测量对象，使用相同的测量仪器每天进行 2 次测量并报告测量结果；测量过程一般应该涵盖白天和夜晚、气象条件良好和恶劣等情况；参加实验人员之间不应相互通报实验数据和结果。由此，可得到

---

① SUZANNE BELL. Measurement uncertainty in forensic science—a practical guide ［M］. Boca Raton：CRC Press，2017：88.

2次/天×5天/人×5人，即50次测量的数据。这些实验数据覆盖了环境因素、测量设备随时间变化因素、人员因素以及测量程序因素，因而，其实质上相当于完成了一次测量复现性（即在复现性测量条件下的测量精密度）的试验。

　　收集上述50次测量数据后，第一，分别计算测量数据的平均值、样本标准偏差（s）以及相对标准偏差（％RSD）；第二，在明确各个为不确定度作出贡献的要素（在本例中，其主要是指测量保证样本、测量重复性以及测量设备的公差三大要素）统计分布的基础上，计算标准不确定度（u）、合成标准不确定度和拓展标准不确定度（U_p）；第三，形成测量不确定度报告，即包括测量不确定度的分量及其计算和合成等内容的对于测量不确定度的陈述（图4-4为一般化的参考示意图，具体操作时，应以国家计量技术规范要求为准）。在计算过程中，可考虑利用现成商业软件，如 Excel 等，确保计算过程准确，并使操作更为便捷。

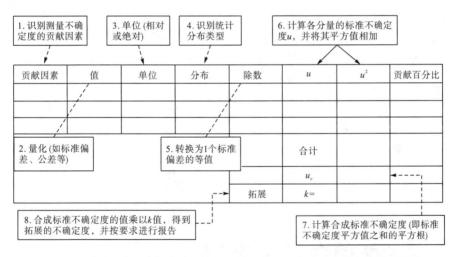

图 4-4　测量不确定度报告的一般化结构及其主要内容之间的相互关系示意

第五章　物证鉴定科学应用过程的管理

法庭科学应用始于犯罪现场。物证鉴定质量管理研究和实践的视角应当覆盖犯罪现场勘查和实验室检验鉴定两个分支领域，同时，后者还涵盖了物证鉴定人员出庭作证的活动。从质量管理过程方法的观点分析，每一个过程都有输入和输出两个方面，因而，相关的质量管理工作重心就是要把好两端，并根据已被识别出的质量控制点，依托控制载体开展有效管理。对于特定的"点"，物证鉴定机构可以采用的监督和控制途径有很多，相关规范只是规定了若干"指定动作"的基本（内容）范围①，如"常规受理"控制、"两人以上独立鉴定的质量控制手段"，以及鉴定文书"技术审核"与"程序审核"控制等，但究竟应当如何运用，即如何构建起各个监控的"面"，始终是物证鉴定机构管理者需要研究的地方，这也就是鉴定质量管理的"术"之所在。本章内容拟就物证鉴定科学应用过程管理中的"技"和"术"进行讨论。

第一节　概　述

一、物证鉴定科学应用过程的模块

ILAC-G 19 指南文件勾勒了法庭科学的 9 个核心子过程，覆盖物证的采集、分析、诠释和结果报告 4 个主要模块（活动）。这实质上就是对物证鉴定科学应用过程实施管理的 4 个基本阵地。参考有关资料②，可将这 4 个基本阵

---

① 参见《司法鉴定/法庭科学鉴定过程的质量控制指南：》（CNAS-GL024：2018）条款 4.1.1。

② LINZI M WILSON-WILDE, JAMES BRANDI, STEPHEN J GUTOWSKI. The future of forensic science standards [J]. Forensic science international：genetics supplement series，2011（3）：e333-e334. 也可参见 JAMES ROBERTSON, KARL KENT, LINZI WILSON-WILDE. The development of a core forensic standards framework for Australia [J]. Forensic science policy and management：an international journal，2013（3-4）：59-67.

地中的有关具体活动梳理为图 5-1。

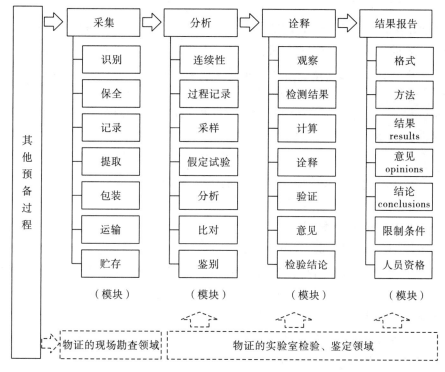

图 5-1　物证鉴定科学应用的核心过程和活动

二、物证鉴定科学应用过程的控制目标

物证鉴定科学应用过程的对象，是潜在地可作为证据的各类物质性客体。因而，按照诉讼法学关于证据的一般理解，证据必须具有客观性、关联性和合法性。物证鉴定科学应用过程的控制目标也必须围绕上述三个基本特性予以展开。

例如，在客观性方面，物证必须是源自案件中的物质性客体，相应地，过程控制的目标应能够保证物证在被发现后，人为地赋予其唯一性标识（如，赋予其编号、用各种手段描述和记录特性等），使其在物证鉴定科学应用过程中始终能够被识别，而不会被混淆。这当中最为典型的控制手段就是对物证监管记录链条（chain-of-custody）的建立和维护。

又如，在关联性方面，由于物的属性、接触方式、条件、环境决定物质交换信息的转移形式、数量多寡和信息关联程度的强弱①，物证鉴定科学应用过程使得人们对物证及其结构、来源以及运动变化信息与案件事实要素之间的关联程度的认识能够奠基于稳固的科学方法论之上，即实现客观检验的目标。典型的，如同一认定型物证鉴定必须实施多人复核验证（verification）的规则。

再如，在合法性方面，物证鉴定科学应用过程必须遵守现行法体系所确立的关于公平、公正和公开的精神和规定，这主要体现为各类程序性的规则。典型的，如鉴定实施过程中的回避规则、操作主体的授权规则以及客观披露相关信息的规则等。

三、物证鉴定科学应用过程的记录

从理论上分析，物证鉴定科学应用的过程，是人员、设备、方法与环境、材料之间交互作用的过程。物证鉴定方法和程序所确立的框架，已为人员在特定情形下如何运用设备对有关材料进行操作（包括操作的先后次序和预期结果）设立了一般的模式和准则，这些模式和准则是为人们普遍认同的。而现实情况却往往是十分复杂的，某一情形是否符合特定鉴定方法和程序的适用条件，某一操作结果是否符合预期的准则，需要人员运用其专业进行判断。站在质量管理的立场看，把好入口、出口、材料、过程、结果的各个关口，对人员运用专业判断的情况进行控制，需要有现实的"抓手"。笔者认为，这个"抓手"，即基本的实践依据，就是记录。

记录，一般是指"把听到的话或发生的事写下来"（动词），或者"当场记录下来的材料"（名词）。② 在质量管理体系中，记录（record），是一个有关数据、信息和文件的术语，具体是指阐明所取得的结果或提供所完成活动的证据的文件。记录可用于正式的可追溯性活动，并为验证、预防措施和纠正措施提供证据。③ 在 ISO/IEC 17025：2005 标准的概念体系下，记录主要包括质量记录和技术记录。质量管理实践对记录的重视主要源自循证决策的要求。循证（evidence－based）决策，是质量管理实践遵从的其中一条基本原则。由于人们对各类来源的输入及理解不可避免地带有主观性质，因此，基于数据和信息的分析和评价的决策更有可能产生期望的结果。

---

① 贾治辉. 物证鉴定结论系统分析 [J]. 湖南社会科学，2010（5）：84.

② 中国社会科学院语言研究所词典编辑室. 现代汉语词典 [M]. 7 版. 北京：商务印书馆，2016：615.

③ 参见《质量管理体系　基础和术语》（GB/T 19000—2016）条款 3.8.10.

实践证明，对事实、证据和数据的分析将能够使决策更加客观、可行。物证现场勘查和实验室分析过程的记录是支撑整个质量管理体系运作的基础。因为记录是人们实践过程的客观记载，实践操作是否符合预设的质量准则，即是否具有必然的正当性、合理性、符合目的性，始终是通过记录予以反映的；同时，也只有基于记录而进行的评价，才能够保证各项拓展活动，如情报分析、趋势预测以及质量改进有坚实依据。当然，记录本身有其内在的脆弱性，即其始终难以避免受到人为因素的影响，如未进行有关记录、后补记录、篡改记录，以及记录不够充足和完整等。因此，既要认识记录的重要性，也要看到其脆弱性。

第二节 物证的现场勘查活动管理

物证技术学专家基斯·英曼（Keith Inman）和诺拉·鲁丁（Norah Rudin）在其著作《物证技术学原理和实践：法庭科学专业》中曾形象地指出：犯罪现场处于一个倒三角形顶端位置，辐射着对犯罪的调查、对证据的识别、对证据的分析以及对证据的诠释活动，并最终达至法庭审判；因而，若在处理犯罪现场过程中稍有不慎，所形成的错误是难以被纠正的，甚至这些错误会在后续的步骤中逐级放大。[①] 同样地，如果不重视对物证现场勘查活动实施有效管理，那么，物证的实验室分析、诠释和结果报告活动也将缺乏可靠的基础材料。

一、管理物证现场勘查活动的原则

物证现场勘查活动质量管理工作涉及面十分广泛，而且不同类型物证，如生物物证、微量物证以及痕迹、文件等，其勘查和质量控制要点不尽相同。但从共性角度看，结合上述提及的质量管理目标，笔者认为，关于物证现场勘查活动管理的支撑原则可作如下梳理：

第一，所有的物证勘查工作必须确保是相关而且是客观的。事实上，将现场上的所有客体进行提取，既不可行也不符合预期目标。因而，相关的管理机

---

① KEITH INMAN，NORAH RUDIN. Principles and practice of criminalistics—the profession of forensic science [M]. Boca Raton：CRC Press，2001：196.

制，特别是记录要求，应当聚焦于物证现场勘查人员运用专业判断的过程，要求其针对案件实际情况进行综合考量并形成必要的成文信息，作为符合相关规定、规范和准则的客观证明。在客观性方面，应当贯彻同步制作记录以及记录充足性的要求。

第二，所有的物证勘查工作不得破坏物证的完整性，并将对物证可能造成的污染减至最低。基于现场上各类物质性客体潜在的证据价值，提取、运输和贮存物证的过程必须确保其被丢失、发生变质、受到污染或篡改的可能性降至最低，使得对于物证的科学检验和分析所得出的结论是可靠并且是可被证实的。

第三，所有的物证勘查工作必须有利于维持物证的连续性和安全性。通过确立基本的管理规则和操作程序，物证的证据记录监管链条一经建立，始终得到维持。而有关的规则和程序，同样着眼于使物证所受到外界影响始终处于可控的状态。

第四，所有的物证勘查工作必须聚焦于充分发挥物证信息及其应用的方向。物证的现场勘查工作是科学技术、专业经验和逻辑思维的综合运用，因此，必须确保其始终以系统化的方法运作。例如，针对同一类物证，既可集中精力对其进行同一认定型鉴定，也可对其进行定量分析和"画像"，前者是司法审判导向的，而后者则主要为刑事情报服务。因此，物证现场勘查过程应当秉持将物证的法证分析可能性最大化的原则，而这就要求物证勘查人员在诸如物证的现场信息采集和记录及物证样品取样量等技术问题上，有较为全面的考虑，并通过客观证据（成文信息）予以证实；物证鉴定部门（机构）对现场勘查进行总体管理和监督的人员（指挥员）[①] 有责任确保所有方面，包括与物证相关的所有现场记录、物证（及其样品）的提取和包装等均已经圆满地完成。

二、管理物证现场勘查预备活动

ILAC-G 19 指南文件认为，法庭科学过程的首个活动（环节）是涉及抵达犯罪现场的初步讨论（Initial discussion regarding scene of crime attendance），其一般是由法证调查员接到任务开始的。此时，法证调查员需要从"客户"处获得特定的信息，并且可能同时需要为"客户"提供指引。另外，法庭科学机构应当确定人员在犯罪现场调查和具体个案现场上的权力和职责。本阶段涉及

[①] 物证鉴定部门应当按照 ISO/IEC 17025：2005 条款 5.2.5 的要求制定和明确现场勘查管理人员的总体管理职责。

ISO/IEC 17025 条款的相关方面主要是合同评审、分包以及任命负责人。[①] 应当指出，在我国目前的侦查制度框架下，刑事案件现场勘验、检查工作由公安机关组织实施；发案地公安机关接警后，对于有犯罪现场的，应当派员进行保护，并根据相关规则，由适格的勘验、检查主体实施勘验、检查工作。[②] 因而，ISO/IEC 17025：2005 标准中提及的合同评审规定，需要结合我国的侦查制度特点从实质方面进行理解和把握。当然，本书只是从共性的层面上对相关问题进行介绍和讨论。

（一）合同评审

基于犯罪现场勘查工作的复杂性，在抵达现场之前，物证鉴定部门所获知的勘查任务的范围和具体情况信息并不总是清晰和充分的。因而，除了按照规定确保所有将要实施的工作始终是在其能力范围内，物证鉴定部门还需要建立一个高效的体系和机制，以确保即将到来的任务（警情、指令）能被迅速评审并且根据规定的政策和程序进行合适处理（对于商业化运营的法证专业服务机构，在理论上，其在必要时可以拒绝接受任务）。

引入合同评审的概念并建立相关的管理程序，对物证现场勘查具有现实意义。物证勘查过程必须充分考虑人员所需的专业和技术知识范围、勘查任务涉及的范围和所必须具备的特定条件、所需要运用的合适资源、设施和设备，这有利于物证勘查部门对勘查任务和目标进行持续监控，以确保相关工作始终满足要求而且是正确地实施的。另外，完善的记录机制有利于实现物证现场勘查工作的客观要求。ISO/IEC 17025：2005 标准条款 4.4.2 要求，应当保存包括任何重大变化在内的评审记录；在执行合同期间，就客户的要求或工作结果与客户进行讨论的有关记录也应予以保存。因此，在犯罪现场勘查工作的语境下，这里所指的评审可以被理解为由勘查的适格主体根据所接警情和指令的具体信息，综合现有勘查力量和资源配置情况，决定是否向上级和有关部门报告并提出支援请求。标准条款中对评审过程及其记录的要求能够与犯罪现场勘查活动的基本要求规定相协调。

---

① INTERNATIONAL LABORATORY ACCREDITATION COOPERATION. Modules in a forensic science process：ILAC G19：08/2014［EB/OL］. （2014－08－26）［2020－02－20］. http://ilac. org/?ddownload=805：18（terms 4.1）.

② 参见《公安机关刑事案件现场勘验检查规则》（公通字〔2015〕3 号印发）第六条、第九至十四条。

(二) 分包和其他技术支援

ILAC-G 19 指南文件认为，如果法庭科学机构遇到需要额外资源才能完成任务的情形，则可能要使用协议的或其他技术支持人员，或将工作进行分包。在需要使用协议的或其他技术支持人员时，法庭科学机构必须提供这些人员具备完成指定任务能力的客观证据。在需要分包时，法庭科学机构必须提供被分包方能力的合适证据，例如，分包方获得的认可、认证信息，或由具备资格的人员根据合适程序进行评估的记录。[①]

概括而言，物证现场勘查的适格主体在必要时，确实有权指派或者聘请具有专门知识的人，使其在自身的组织下进行勘验、检查。[②] 从质量管理的立场看，ILAC-G 19 指南文件的说明有其现实指导意义。也就是说，当物证勘查过程中遇到需要外部资源支持的情形时，决策者究竟是凭个人或者少数人的经验和一般的常识（如根据过往的"口耳相传"）作决策，还是遵循质量管理循证决策要求，通过制定必要的管理程序控制相关评估过程，使得决策是基于数据和分析所作出的？显然地，ILAC-G 19 指南文件上述说明的精神指向后者。

(三) 人员职责分配

一般而言，应当根据案件的类型、特点、现场的复杂性以及相关法律、规范要求，指派具备合适能力的人员实施物证的勘查活动。负责对物证进行勘查的部门（机构）在人员职责分配方面必须有清晰的政策和程序。[③]在记录方面，个案当中勘查工作的主要职责以及被指派主持勘查工作的人员信息应当予以记录，并且记录中应能够清晰地描述勘查的各个阶段的工作任务和职责。

三、管理对现场物证进行记录的活动

制作现场笔录、现场摄像/摄影、现场图等记录，是有效保全和提取物证

---

① INTERNATIONAL LABORATORY ACCREDITATION COOPERATION. Modules in a forensic science process：ILAC G19；08/2014［EB/OL］. （2014-08-26）［2020-02-20］. http://ilac. org/?ddownload=805：19（terms 4. 13）.

② 参见《公安机关刑事案件现场勘验检查规则》第六条第一款。

③ ISO/IEC 17025：2005 标准条款 4. 1. 5（f）规定，实验室应规定对检测和/或校准质量有影响的所有管理、操作和核查人员的职责、权力和相互关系；ISO/IEC 17020：2012 标准条款 6. 1. 4 规定，检验机构应让每一个人清楚他们的职能、责任和授权。

现场信息的基本手段。参考相关认可准则、标准[①]和指南文件[②]的要求,可将对该项活动的具体管理要求进行如下梳理。

(一)笔录制作活动的管理要求

第一,必须同步制作笔录。[③] 可使用音频和视频装置记录现场上的观察和所采取的措施,该记录需包含与笔录具有同等详细程度的信息。

第二,笔录必须是唯一地可被识别的,并且包含充分的细节信息让勘查人员能准确地报告:现场的位置和情况描述、何人何时制作、何人何时勘验何对象(物质性客体)、提取了何种物质性客体并运送至何处,以及所有已知的关于勘验过程或提取物质性客体的相关约束条件。

第三,当笔录和相关记录被更改或被移除时,其必须是显而易见的。[④]

(二)摄制记录活动的管理要求

1. 数码摄影

(1)数码摄影记录采用的所有数码格式均必须足以准确描述和记录现场。[⑤]

(2)原始摄制记录在任何时候均必须是可溯源的。[⑥]

(3)数码摄影机、镜头和数字图像格式必须是符合预期用途的。[⑦]

(4)应当记录在现场上对设备进行验证的结果。[⑧]

2. 数字图像采集

(1)对需要进行准确比例冲印的图像,其取景框架范围内必须包含一个可见的比例尺。

---

① Forensic Analysis Part 1: Recognition recording recovery transport and storage of material: AS 5388.1—2012 [S]. Sydney: Standard Australia, 2012: 15—17.

② INTERNATIONAL FORENSIC STRATEGIC ALLIANCE. IFSA-MRD-Minimum requirements for crime scene investigation-a document for emerging laboratories (Version 2) [EB/OL]. (2021-01-30) [2022-01-30]. https://www.ifsa-forensics.org/wp-content/uploads/2021/10/IFSA-MRD-Crime-Scene—2021-English.pdf: 12—13.

③ 参见 ISO/IEC 17025: 2005 标准条款 4.13.2.1、4.13.2.2。

④ 参见 ISO/IEC 17025: 2005 标准条款 4.13.2.3。

⑤ 参见 ISO/IEC 17025: 2005 标准条款 5.4.7、5.5.2。

⑥ 参见 ISO/IEC 17025: 2005 标准条款 4.13.2.1。

⑦ 参见 ISO/IEC 17025: 2005 标准条款 5.4.7.2、5.5.2。

⑧ 参见 ISO/IEC 17025: 2005 标准条款 5.4.5.2、5.4.7.2。

（2）对短期存储介质上存储的现场摄制记录，在原始图像被转存至长期存储介质之前，均不得将其删除。

3. 关于数字图像存储

（1）在可能的合理时间段内，必须将原始图像存储于合适的长期存储介质中；如存储于长期介质需要经历较长时间间隔的，必须将短期介质加以合适保管以确保其完整性。如上述情形发生之时，必须将具体情况予以记录。

（2）如使用光学碟片作为原始图像存储的方式，则必须在进行存储前核查该光学碟片的可读写性能；存储的媒介必须能够被清晰地识别和保管，以保证数字数据的完整性；应将存储在光学碟片中数据的有效性期限作为图像存储时的一个考虑因素。①

（3）如要通过集中式硬盘备份原始图像存储的，必须严格控制对图像的访问和访问层级。②

（4）原始图像在未存储至长期存储介质之前，不得进行图像增强处理。在原始图像被保护的前提下，对图像的处理仅可在工作副本上实施。

4. 视频记录

原始的模拟磁带必须以未经编辑的方式加以保存，并应在副本上进行编辑；应注意采取措施防止将磁带上已有的视频影像数据覆写。③ 此外，关于现场图制作活动，可参考上述两个笔录和摄像记录制作活动的管理要求执行，因而不再赘述。

四、管理提取物证的活动

由于各类物证有不同的提取要点，而且，必要时，物证勘查人员还需要进行现场取样（sampling），因此，结合证物污染防治规则，可梳理出如下要求。

（一）对各类物证提取活动的通用控制要求

主要包括如下 7 个方面：

---

① 参见 ISO/IEC 17025：2005 标准条款 5.4.7.2。
② 参见 ISO/IEC 17025：2005 标准条款 4.13.1.4。
③ 参见 ISO/IEC 17025：2005 标准条款 4.13.1.4。

（1）勘查人员应注意提取适合的物质、提取适宜的参照样品和已知样品，将可能发生的污染降低至最低限度；避免勘验、提取或记录与调查无关的物质，考虑采样的潜在影响，将所提取的物质性客体进行合适包装；同时，必须记录勘验过程中所提取的物质并确保对其记录的连续性。①

（2）从犯罪现场上提取相关物质性客体时，必须考虑相适应的勘验方式，并且所采用的提取方法必须符合预期目的。②

（3）为降低交叉污染的风险，应采取措施避免涉案人员、受害人、物质性客体、场所、设备、提取人或者多个现场产生交叉污染；针对人体物证，应做到单独地对受害人和嫌疑人进行取样；提取物证用的器材原则上应为一次性使用，如无法实现之时，所用器材必须在每一次使用后作消除污染处理；同时，应穿戴适宜的个人防护装置。③

（4）应当为有关人员实施勘验、检查的场所制定合乎需要的并且是经过文件化的清洁政策和程序，同时，必须使进入勘验、检查区域人员的数量最小化，并且应有专门的安全区域用于存放和处置相关器材和样品。④

（5）在应用增强技术勘验物证，且需要使用具备放射多个波段光线功能的复合设备（多波段光源）时，必须定期核查该设备是否能够正常运作⑤；必须对增强用试剂进行合适标签；应当使用合适的控制样品以保证该试剂的效用。在应用试剂之前，必须确保试剂是具备相应功用的⑥；特别地，如果试剂已失效，其应能够通过自身和控制样品上明显的足够细节，追溯其所属批次、来源或生产商。⑦

（6）如需要在现场上进行确证测试（confirmatory testing），必须由已获得合适授权的人员实施并且应当采取必要的质量保证措施。⑧

（7）在对现场上的物质性客体进行拍摄提取后，该照片将成为证据，并应保持其监管记录的连续性；同时，所摄取的照片应具有合适的品质并符合预期用途。

---

① 参见 ISO/IEC 17025：2005 标准条款 5.7.1、5.8.2、5.8.4。
② 参见 ISO/IEC 17025：2005 标准条款 5.7.1、5.8.1。
③ 参见 ISO/IEC 17025：2005 标准条款 5.3.3、5.7.1。
④ 参见 ISO/IEC 17025：2005 标准条款 5.3.4、5.3.5。
⑤ 参见 ISO/IEC 17025：2005 标准条款 5.5.5。
⑥ 参见 ISO/IEC 17025：2005 标准条款 4.6.2。
⑦ 参见 ISO/IEC 17025：2005 标准条款 4.13.2.1。
⑧ 参见 ISO/IEC 17025：2005 标准条款 5.2.5、5.9.1。

（二）对现场实施取样活动的控制要求

ILAC-G 19 指南文件将取样界定为：从物品、物质或产品中取出一部分作为整体的一个代表用于测试的过程。在可能的情况下，取样过程应该基于统计学上有效的技术进行。样本是指为了检验/检测而从一个群体中取出一部分以确定整体的属性。在法庭科学中，"样本"也会用于描述被采集的作为证物的物理客体或其中的一个子集。采集这些证物可能会运用除了传统的统计学准则以外的其他准则，例如，在犯罪现场上采集的样本。为识别所需要采集的样本以及实施各种不同的取样程序的次序，法庭科学机构需要制定取样策略、取样计划以及取样程序。[①] 关于物证勘查过程中实施取样活动的管理有如下要点。

1. 采样活动的通用管理要求

应当根据物质性客体的类型，采用一种或多种方法进行取样活动，并且应当遵守有关政策的要求。同时，如果采用可重复使用器具采样，则必须在每次使用前都对其彻底清洁。

2. 针对不同取样方法的使用管理要求

对于宏观可见的物质性客体，可采用徒手或医用镊子（forceps）进行取样；如使用黏取（lifting）、扫集法（sweeping）取样，应当注意保持胶带等器材的清洁和使用前消除污染；如使用吸尘器吸取法（vacuuming）采样，应在操作时使用专门设置的样品采集腔；如使用拭子（swabbing）取样，应尽可能地保持所用的擦拭工具不受污染，提取射击残留物时，应将其直接采集至存根上。

3. 针对不同类型物证的取样管理要求

当需要从人体上取样时，出于健康和安全防护的考虑，应遵守严格的个人防护设备佩戴规程。在性侵害案件的检查过程中，需要提取生物性物质样品时，宜由具备资格和接受过合适训练的医务人员实施；而需要提取指甲的剪屑

---

① INTERNATIONAL LABORATORY ACCREDITATION COOPERATION. Modules in a forensic science process：ILAC G19：08/2014 ［EB/OL］. （2014−08−26）［2020−02—20］. http://ilac.org/?ddownload=805：8—9（terms 2.18）.

和刮屑时，应注意分别将每只手上采集的指甲剪屑和刮屑放置于独立的容器中；当提取人体毛发样品时，应当充分采集已知身份对象身上的毛发样本，并且注意其中需要包含能够反映不同生长阶段的梳子上的毛发和拔取的毛发。

五、管理对物证进行包装和标签的活动

（一）对物证包装活动的控制要求

首先，作为基本要求，在对各类物质性客体进行包装和标签时，应考虑证物保全和最小化变动或受污染的原则。不应采用会对后续分析造成限制、约束的方式进行包装，而且在实施分析之前应尽可能少地触碰。[①] 其次，在进行包装时，对于在犯罪现场上提取的含有有害物质的样品，应当将其置于合适于该类有害物质存放的样品容器中，并且应当加贴合适警示标签。每一件物证均应独立包装和存放于合适容器内，并且应立即封装；每一件物证的包装均应进行单独标签，并配上唯一性标识；应采用不可擦除的油墨/永久性记号笔在物证的包装上填写相关标记。不应对物证进行无必要的触碰；物证上待检验的部位，应当进行合适的包装和合适的封装或覆盖，以防止其遗失、变质或受到污染。在送检时，如果经过物证鉴定实验室同意而对进行了不合适包装的物证进行重新包装时，应保留原来的包装物或者将该包装的状态在案件记录中进行合适描述记录。

（二）对物证标签的控制要求

具体而言，其有两方面的控制要求：第一，所有物证的最外层包装上均应有可供追踪审核证据记录监管链条的唯一性识别标签；所有物证的记录监管链条必须是完整并且未作编辑加工的。第二，物证上的标签应当向持有者警示该证物所涉及的危险因素，并且能够允许从标签上获取有关细节；物证的标签应当包含对物证的描述、物证是否有危险性、物证提取的时间和地点、提取物证人员的姓名或代号，以及物证所归属的案件档案或调查案件等信息。

---

① 参见 ISO/IEC 17025：2005 标准条款 5.8.1。

六、管理对物证进行运输、贮存和安全防护的活动

一般而言，物证被提取后，通过运输等过程后，便被送往物证鉴定实验室进行分析和检验、鉴定。因此，管理对物证进行运输、贮存和安全防护活动的有关要求，适用于物证勘查部门和物证鉴定实验室。概括而言，需要重点关注这个阶段的物证记录连续性以及安全性，并针对不同类型的物证，对照有关标准、规范的技术规则进行操作。例如，在物证记录连续性方面，必须维持并记录物证自现场上被采集，到被物证鉴定实验室接收用于分析这个过程中所有的流转情况；而物证鉴定实验室有必要通过物证管理系统，对物证被本机构接收用于分析环节以后的流转情况，即通过对物证的存储位置或负责保管的法证事务官员的识别，从而获得物证在机构中所处具体位置的信息。在物证安全防护方面所遵循的一个基本要求是，只允许经过授权的工作人员和相关人员接触和访问物证贮存区域。又如，针对生物物证，如其易受潮变质的，则在存储之前应当经过干燥或冷冻处理，同时，应对所有用于存放物证的冰箱、冷冻室和冰柜进行温度监控和常规记录，或配备温度警报器；针对易燃物质，应将其置于封闭的容器中进行运输，并且存放环境必须能够隔绝任何可能的引火性液体污染物，同时，应当注意存放环境具备合适通风条件，以避免所存放样品中的挥发性化合物在空间内聚集；针对枪弹物证，特别是枪支物证，对其提取、接收时，必须由经过合适训练或持证人员进行核查，只有确认其并未装填弹药后，方能送往贮存区域进行保管。

第三节　物证的实验室检验、鉴定活动管理

物证的实验室检验、鉴定之目的，是通过客观的观察、测量和演绎推论，解决涉及物证种类和个体同一性以及与案件事实认定相关的其他专门问题。本过程通常是以鉴定机构收到委托/指派进行相关活动的具体要求/指令，并接收到物证为开端的。本过程的输入，一般为物质性客体和信息两个方面，前者主要是指各类型的物证（及其包装），后者则主要是指与物证相关的来自外部的信息；本过程的输出，就是物证鉴定意见报告、鉴定人出庭作证陈述以及有关的物质性客体。总体上，物证鉴定不同分支专业的过程控制要点具有较强的共性，但是也不能忽视其中的差异。

以下将从质量管理的角度，对物证实验室检验、鉴定过程中的分析、诠释和结果报告三个活动的管理问题进行简要阐述。

一、对物证分析活动的管理

对于同一认定型的物证鉴定项目（如笔迹、指纹、印章印文等的鉴定），此处所指的分析活动主要包括对物证进行预备检验、分别检验和比较检验，而综合评断一般会被归结在诠释活动的范围内。相似地，对于种属鉴别型的物证鉴定项目（如涂料、玻璃、毛发等物质性客体的种类鉴别），分析活动主要是指对其所实施的采样/制样、检验/检测，以及特征识别和比对。对于涉及物证的其他类型鉴定项目（如各类符合性判定的项目，包括枪支杀伤力认定、交通事故中车辆碰撞痕迹分析、文件中印字交叉先后次序鉴别等），分析活动主要是指实施检查、检验、检测和观察，为后续的综合判断和诠释奠定基础。

（一）评审委托要求，建立并应用接受或拒绝接受相关材料的准则，控制输入

如前所提及的，在 ISO/IEC 17025：2005 标准体系中，"要求、标书和合同的评审"（review of requests、tenders and contracts）是一项重要而且必要的管理要求。从一般化的角度看，客户在其业务范围内产生了对检测/校准活动的要求，从而寻求相应的实验室提供检测/校准服务；相应地，在广义的司法语境下，就可理解为公安、司法等机关因案件事实认定需要而产生了"对诉讼涉及的专门性问题进行鉴别和判断"的要求，并依法进行送检。检测/校准实验室根据客户明示的或通常的要求，进行应答和回应，即投标；这一过程在我国鉴定程序逻辑框架下的反映并不明显，其大体上介乎于鉴定委托和受理之间。校准/检测实验室与客户之间协商一致并签订合同后，便可进入实质性的检测/校准活动环节；物证鉴定机构与委托机关、部门签署了鉴定协议，待鉴定材料流转至本机构后，即可实施鉴定活动。上述标准条款的重心在于对要求、标书和合同的评审，即对三者采取的必要控制。

一方面，要求、标书和合同的评审活动也是一个过程，其同样有输入和输出。从输入端观察，物证鉴定的委托主体提供关于案件的基本情况（前提条件是不得影响后续检验、检测的公正性）以及实施物证检验、检测所达到的目的说明，这有助于支撑后续的检验、检测工作。在技术层面上，这些说明还会包含关于物证的描述，特别是其基本状态、数量和性质等方面的描述。对要求进

行评审的过程，就是物证鉴定机构对照法律规定、本机构的状况（包括技术能力覆盖范围、资源满足情况）以及风险分析等方面，对能否实现委托方所规定目标的适宜性、充分性或有效性的确定（即 ISO/IEC 17025 条款 4.4.1）中所指的"实验室有能力和资源满足这些要求"）。评审过程中，物证鉴定机构需要与委托主体商讨并达成一定层面上的一致。例如，FSR－Codes 指出，作为要求、标书和合同的评审工作的基本组成部分，机构与客户经过商讨并达成一致意见的内容可能包括但不限于：案件流转时间，案件报告格式，需检的证物，案件管理和策略，实施检验的次序，为保全额外的证据而需要注意的事项，所使用的方法，由机构所提供的产品，检验、检测的费用，证物的提取，以及证物保留、销毁和返还等。① 实施控制的主要方法就是在评审过程中识别委托方要求和物证鉴定机构状况之间的差距并进行分析（gap analysis）。评审和相关记录的作用体现在其作为鉴定机构对委托活动实施必要控制的客观证明，也能确保后续检验、鉴定活动不偏离预设方向。

　　另一方面，作为宏观鉴定实施过程的入口，机构在对委托要求和委托鉴定的服务合同进行评审的过程中，也需要对委托方提交的各类具有或潜在地具有证据价值的物质性客体和材料进行审查。审查的结果同样构成评审过程的输入。澳大利亚标准 AS 5388.2《法证分析　第 2 部分——物质性客体的分析和检验》指出，法证机构所接收到的物质性客体并非都适合于进行分析，其中，较为典型的例子包括：物质性客体被不合适包装并导致其完整性受到损害，所接收到的物质性客体不合适于进行被要求实施的检测，所接受到的物质性客体已被确定为与案件调查无关，所接收到的物质性客体的记录连续性遭到破坏，对所接收到的物质性客体实施分析的效益（即针对该物质性客体所要求进行分析结果可能产生的证据证明力，不如对案件其他证据进行分析而形成的证据证明力高），委托方未能提供与该被接收到的物质性客体有关的合适参考等。② 因而，有必要建立并应用接受或拒绝接受相关材料的准则，并制定有关人员对个案中被提交用于检验、鉴定的物证（物质性客体材料）进行审查的制度，审

---

① FORENSIC SCIENCE REGULATOR OF UK HOME OFFICE. Codes of practice and conduct for forensic science providers and practitioners in the criminal justice system（FSR－Codes，issue3）[EB/OL]. （2016－02－12）［2022－02－20］. https://assets. publishing. service. gov. uk/government/uploads/system/uploads/attachment _ data/file/499850/2016 _ 2 _ 11 _ － _ The _ Codes _ of _ Practice _ and _ Conduct _ － _ Issue _ 3. pdf：17，at terms 10. 2.

② Forensic analysis part 2：analysis and examination of material：AS 5388. 2—2012 [S]. Sydney：Standard Australia，2012：7，at terms 5. 1.

查记录应当按照有关记录要求制作。①

（二）确立物证检验/检测方法整体策略方案，引导鉴定实施的
过程流向

"凡事预则立，不预则废。"在物证鉴定实施过程的预备检验环节，鉴定人
除了进行物质方面的准备外，更为重要的是进行检验、鉴定方案的整体设计。
正如一些论者阐述的，在物证鉴定中，有经验的鉴定人在思维层面上总是带着
一定的假设而开展检验，因为通过谨慎地建立起某些备选的假设，往往能够防
止将时间浪费在某些对作出专业判断无甚大意义的检验项目上。② ILAC-G 19
指南文件综合了 ISO/IEC 17025：2005 标准条款 4.4、5.7、5.8 和 ISO/IEC
17020：2012 标准条款 7.1.5、7.1.2 的要求，提出法庭科学机构在制定检验、
检测策略过程中，只要在合适之时，宜考虑下列 15 个方面③：

（1）客户要求；

（2）帮助识别出相关问题的法庭科学检验的能力；

（3）客户要求的紧迫性和优先级；

（4）合适的背景信息；

（5）针对由客户已经提出的假说（propositions）而存在的替代假说；

（5）本机构可获得的资源；

（6）在实施检验/检测前可能需要咨询的专家；

（7）与各个假说相对应的能够提供最大化信息潜力的检验/检测；

（8）检验/检测实施过程中可能对证物完整性造成的影响；

（9）可能存在的约束条件，例如，需要为了其他目的而保留材料，以及相
关成本；

（10）检验/测试或其他活动可能对后续检验/检测带来毁灭性的影响；

（11）可能需要通过多学科的检验/检测协同，方可确定所需要采集的样本
并确定实施取样或检验/检测的先后次序；

（12）实验室当前可提供的检验/检测服务；

---

① 参见 ISO/IEC 17025：2005 标准条款 5.8.1。

② KEITH INMAN, NORAH RUDIN. Principles and practice of criminalistics-the profession of
forensic science [M]. Boca Raton：CRC Press，2001：248.

③ INTERNATIONAL LABORATORY ACCREDITATION COOPERATION. Modules in a
forensic science process：ILAC G19；08/2014 [EB/OL]. （2014-08-26）[2020-02-20]. http://
ilac. org/?ddownload=805：28, at terms 4.7.2.

（13）与被讨论的检验/检测以及所有可能潜在的证据类型相适应的污染防治措施考量；

（14）鉴于新的和重要的信息而持续评审检验和检测策略的结果；

（15）为满足包括辩护方的要求在内的客户要求所开展的工作中，哪些是具有技术上的可能性以及具备效益的。

因此，从管理的角度看，对物证的实验室检验、鉴定活动的质量控制活动，需要围绕案件的实际情况展开。总体而言，应当确保所制定的检验/检测策略是朝着有利于实现物证信息获取最大化、物证完整性受影响最小化以及与鉴定机构现有技术能力相匹配的方向进行的。因而，机构管理层有必要将此纳入人员行为恰当的主题范围内，制定有关的政策和程序，指导鉴定人员运用专业判断，确定检验/检测策略；对鉴定人员负有监督和管理职责的人员，有必要通过审查记录和讨论的方式，对案件的检验/检测策略进行质量控制。例如，从记录要求方面，规定必须在案件记录中将对常规程序的任何显著偏离及其理由予以记录。

（三）核查重要发现和技术发现，严密过程记录

对重要发现和技术发现进行核查，是贯彻落实同行审核的措施。重要发现（critical findings）一般可被定义为：对于形成结论以及诠释和提供的意见有显著影响的观察和结果。此外，当这些观察和结果在缺乏证物或样品时将无法被重复和核查，以及/或者可能将会被作出完全不同的诠释时，相关的发现也会被界定为重要发现。同行审核的结果也是重要发现。

对重要发现进行审核的实施要点是：第一，具有重要证据意义的发现均必须经过另一名经过授权的并具有能力执行核查的鉴定人加以核查和确认；第二，对重要发现的查核记录，必须能够清楚标示每一项关键发现都已经过查核以及是由何人在何时实施的。这可以通过多种方法加以标明，包括在记录中针对每个发现所形成的条目、对所有发现进行摘要的条目或者进行陈述的条目。这些记录当中必须标明对于关键发现是否意见一致，或者如果意见不一致时采取了哪些相应措施。第三，当关键发现核查是仅有的质量控制程序方式时，例如血迹形态分析、足迹比对等科目，这种核查必须由不知晓原来结果的人实施，而且这种独立性必须在记录中是能够被清楚识别的。

技术发现，一般就是指各项检验、检测所获得的结果。对技术发现进行核查的基本要求是：确保所有技术发现经过证实，并且能够被案件中的所有成文信息（包括记录）予以支撑。对技术发现进行复核的主要内容包括：所有经过

检验/检测的材料及其检验/检测过程是否均已经形成充足的成文信息，是否实施了合适的检验/检测，是否实施了与之相关的质量保证程序，是否复核了分析型检验/比对的过程和结果，相关记录中的陈述是否准确并且能够指向被提交用于检验/检测的物证。

此外，从严密过程记录的角度分析，还应当确保与记录的有关要求得到满足。例如，针对物证分析过程所形成的笔录，要求所有笔录必须具有永久性并且其制作人以及案件责任人员的信息应当是明显可辨认的；记录当中所增加的地方以及所作出的改动也同样应是明显可辨认的。[①] 又如，对于通过拍摄方式进行记录的，除了要求照片记录方法及设备必须符合预期用途目的外，还必须要求对所有照片进行合适存档，而且应有能够记录照片拍摄日期信息的符合预期用途目的的机制。

（四）实施物证检验/检测结果的质量保证机制，监督结果输出的质量

质量保证（quality assurance，QA），是指致力于提供质量要求会得到满足的信任。[②] 正如有论者所指出的，所谓信任的建立，其实是在"订货前建立起来的"，这种信任的根源是一个企业和组织规定的包括产品、过程以及服务的要求"完全反映顾客的需求"，而不是买到"不合格"产品以后而提供保修、保换、保退。[③] 质量控制（quality control，QC）则是指"致力于满足质量要求"，是质量保证体系中的重要方面，并主要体现为各种质量控制措施和手段的系统化运用。从技术要求的层面看，物证鉴定机构必须通过运作一个与其所实施的物证检验/检测的类型和频次相适应的质量控制计划，以监控检验/检测分析的效能。一般而言，可以作为质量控制活动的范围包括但不限于：使用各种有关的参考集；使用有证参考物质和内部制作的参考物质（即主要用于校准设备或核查结果）；运用统计表格；进行阴、阳性对照；运用控制图；采用平行检验/检测；采用替代方法；进行重复检验/检测；采用加标样品，内标和外标；由另一名经授权的工作人员进行独立核查、验证等。根据所实施的特定检验/检测项目，物证鉴定机构可采用上述的一种或多种质量控制手段以证明该检测/检验是处于"受控状态"的。同时，按照质量管理体系运作的一般要求，

---

① 参见 ISO/IEC 17025：2005 标准条款 4.13.2.1。
② 参见《质量管理体系　基础和术语》（GB/T 19000—2016）条款 3.3.6。
③ 张晓东. 质量监督与管理［M］. 上海：同济大学出版社，2007：12.

任何特定领域工作中所需要的质量控制程序必须是由物证鉴定机构根据本领域的最佳专业实践和操作原则确定的，并且，这些程序必须是已经文件化的。在运用质量控制措施时，应当保留记录以表明本机构已经采取了所有合适的质量控制方法，所有质量控制结果是可接受的，或者未达到预期的结果已经采取了相应的纠正措施。

此外，参加外部组织实施的能力验证计划，将物证检验、鉴定的过程活动表现与同行的表现进行持续的对照，也是对过程进行监控的一个有效方式。如前文所述，在参加能力验证计划时，物证鉴定机构通过使用自身已经过文件化的检验、鉴定程序，以验证和分析其有效性和可靠性；通过有计划地复核自身在能力验证计划中的表现，并且在需要之时采取纠正措施，以识别并改进实验室检验、鉴定物证的过程活动，从而提升本机构以及鉴定人员的整体鉴定能力。

二、对物证检验/检测结果诠释活动的管理

（一）法庭科学过程诠释活动的基本阶段和总体控制目标的实现机制

诠释，即说明或解释[①]，也就是指将事情、现象等客观存在予以解释说明或证明[②]，其内在地包括分析阐明，或说明含义、原因和理由等方面的内容。[③]国际标准化组织 ISO 的法庭科学标准 ISO DIS 21043-1《法证分析　第 1 部分　术语、定义和框架》将诠释（interpretation）界定为：基于从法庭科学过程所获得的发现和信息，运用专业判断（professional judgement）以提供关于假

---

① 中国社会科学院语言研究所词典编辑室. 现代汉语词典 [M]. 7 版. 北京：商务印书馆，2016：1084。

② 中国社会科学院语言研究所词典编辑室. 现代汉语词典 [M]. 7 版. 北京：商务印书馆，2016：1232。

③ 中国社会科学院语言研究所词典编辑室. 现代汉语词典 [M]. 7 版. 北京：商务印书馆，2016：670。

设（hypotheses）的意见或结论。① 理论上，法庭科学过程中，诠释活动大体可被划分为两个基本阶段，即从观察和分析结果中导出信息阶段，以及诠释信息以推导出信息和形成意见阶段。法庭科学过程诠释活动的一般机制包括理论框架和实务流程，如图 5－2② 和图 5－3③ 所示。

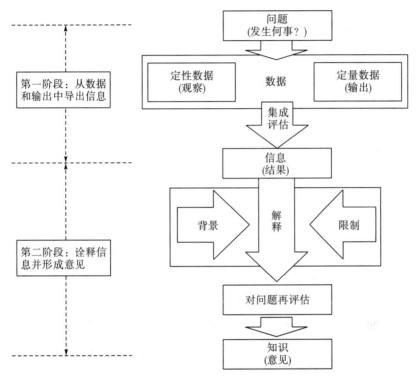

图 5－2　法庭科学诠释活动的一般机制（理论框架）

①　FORENSIC SCIENCE REGULATOR OF UK HOME OFFICE. Codes of practice and conduct for forensic science providers and practitioners in the criminal justice system（FSR－Codes，issue3）[EB/OL].（2016－02－12）［2022－02—20］. https://assets. publishing. service. gov. uk/government/uploads/system/uploads/attachment＿data/file/499850/2016＿2＿11＿－＿The＿Codes＿of＿Practice＿and＿Conduct＿－＿Issue＿3. pdf：23. See also Forensic Analysis Part 3：Interpretation：AS 5388. 3－2013［S］. Sydney：Standard Australia, 2013：11, at terms "interpretation".

②　Forensic analysis part 3：interpretation：AS 5388. 3－2013［S］. Sydney：Standard Australia, 2013：14.

③　ANZPAA NIFS：An introductory guide to evaluative reporting [EB/OL].（2017－06－30）［2022－01－30］. http://www. anzpaa. org. au/ArticleDocuments/220/An％20Introductory％20Guide％20to％20Evaluative％20Reporting. PDF. aspx：2.

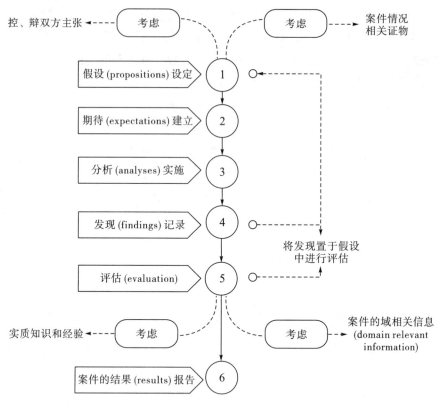

图 5-3　法庭科学诠释活动的一般机制（实务步骤）

从科学方法论应用的角度看，虽然物证鉴定，特别是同一认定型的物证鉴定高度依赖于人的主观推理和归纳等思维过程，但其之所以仍然属于"客观检验"而不是"主观检验"，原因在于由具备专门知识之人所作的专业判断不是一种武断的（arbitrary）判断[1]，其评估和诠释过程能够体现"科学的一般属性，即可被检验、可重复、可解释、可预测以及动态性"[2]。而在个案的实践中，上述提及的评估和诠释方法运用过程的有效性，是通过两个相互关联的管理机制而予以提供保证的，即鉴定人尽量地将主观推理以及进行综合评估和解释的过程加以书面化，并由具备能力的同行进行复核。一方面，按照ILAC-G 19指南文件的解释，鉴定过程中进行所有的解释均必须建立在可靠研究之上。而

---

　　① F TARONI，R MARQUIS，M SCHMITTBUHL，et al. The use of the likelihood ratio for evaluative and investigative purposes in comparative forensic handwriting examination ［J］. Forensic science international，2012（1-3）：189.

　　② Forensic analysis part 3：interpretation：AS 5388.3-2013 ［S］. Sydney：Standard Australia，2013：5.

当不存在这样的进行可靠研究的可能性之时，所进行的解释也必须是能够被证实并文件化的大量记录所支持的。[①] 被书面化的成文信息，包括检验过程中所制作的图片、形成的文字以及案件的相关信息等，也应对检验方法本身以及案件实际情况，如鉴定材料不充分等所导致的局限性加以明确记载。只有具备这些较为详细的记载时，同行之间的相互复核机制才可发挥作用。另一方面，在司法鉴识科学的主要鉴定项目中，由另一名同样具备能力的鉴定人进行独立复核，包括已知检验结论的或者是不知晓检验结论的两种形式，均是确保评估和诠释活动有效性的重要机制。

（二）物证检验/检测结果诠释活动的控制要点

应当看到，在对鉴定人员运用专业判断过程的监督和控制时有其内在难处。一般认为，一个技术方面的专业判断是否恰当、适宜以及是否遵从了通行的并已被广为认同的准则，应当交由同行加以评判。站在管理的立场上，笔者认为，质量管理工作应当围绕诠释活动的核心环节展开，即保证从数据导出信息环节，以及对信息进行诠释而形成意见的环节，都是处于"受理状态"的。在这当中，关于记录充分性和复核机制有效性控制方面有如下要点：

第一，关于记录充分性方面。在将数据转换为信息时，必须要求鉴定人系统、全面地对这些数据进行评估，评估过程应当依据有关的成文信息，如所用的有助于判定构成认定/否定的准则、所参考的实验数据等，并应当形成记录。在对信息进行诠释时，要求必须有相关的数据加以支撑，同时，这些数据与案件所需要解决的涉及物证的专门问题应有相关性。必须要求鉴定人尽可能记录建立主观确信过程中的"逻辑分析过程"以及"鉴定意见依据"。[②] 对于不用于支持鉴定意见的数据、观察结果或者差异点，鉴定人仍需要予以详细记录，并尽可能地给出合理说明。[③] 例如，对于同一认定型的物证鉴定，鉴定人所应记录的逻辑分析过程主要是关于特征差异点及其形成原因的解释，以及特征符合点是否能够体现被鉴定客体的特定性方面（即特征的鉴定价值）；而鉴定意见主要是依据代表着矛盾性质的主要方面，即究竟是特征符合点代表着矛盾的

① INTERNATIONAL LABORATORY ACCREDITATION COOPERATION. Modules in a forensic science process：ILAC G19：08/2014［EB/OL］.（2014-08-26）［2020-02-20］. http://ilac.org/?ddownload=805：31, at terms 4.8.

② 参见《司法鉴定/法庭科学鉴定过程的质量控制指南》（CNAS-GL024：2018）条款4.6.7.3。

③ 参见《司法鉴定/法庭科学鉴定过程的质量控制指南》（CNAS-GL024：2018）条款4.6.7.4。

主要方面，还是特征差异点代表着矛盾的主要方面所作的说明和证实。① 当然，还存在对案件中所进行的相关检验/检测结果的综合论证方面，即应当阐述并记录相关检验/检测结果对最后形成意见的支持程度，包括接受或者拒绝这些结果的原因。

第二，关于复核机制的有效性方面。在我国以及其他一些国家和地区，由鉴定组内的其他鉴定人（包括但不限于第二鉴定人）进行独立检验、鉴定，是所有类型鉴定的实施过程中所必须遵守的基本原则和底线规则。第二鉴定人是整个鉴定质量保证机制中的重要方面，其存在的意义既体现了科学方法论上提出的重复性、可复现性方面的要求，也是针对鉴定中需要运用专业判断的特性，即通过依赖同行力量进行审核，确保专业判断的运用是合适和有效的。物证鉴定机构应当通过管理和监督，落实鉴定组内其他鉴定人独立鉴定机制的正常运作。当然，这当中必然面临着鉴定组内其他鉴定人的意见与原鉴定人意见不一致时如何解决的问题。不同鉴定机构可能采取不同的解决方案，例如，在工作机制上采取增加鉴定组成员、邀请一定数量的外部专家参与鉴定"会诊"和复核等。② 总体而言，笔者认为，应当坚持在讲求学理和客观依据的基础上，充分发挥物证鉴定人共同体在确保鉴定意见有效性和客观性方面的作用，力求协商、讨论后达成一致意见，这是解决这个问题的基本原则；如确实不能够形成一致意见的，可考虑根据鉴定实施规则的要求和精神，在报告和案件记录中客观载明检验过程、检验所见和分析论证过程，以及鉴定人之间的不同意见。③

三、对物证检验、鉴定意见报告活动的管理

ISO/IEC 17025：2005 标准条款 5.10.1 要求，实验室应当准确、清晰、明确（unambiguously）和客观地报告每一项检测的结果，并符合检测方法中规定的要求。从理论上分析，物证检验、鉴定意见既是法定的证据种类和形式，也是鉴定系统和司法系统进行交流的主要途径和机制。物证鉴定意见报告必须按照基本规范要求制作，在内容表述上应当具有可读性。同时，按照通行

---

① 例如，AS 5388.3 条款 8.1 指出，鉴定人在提出鉴定意见时所使用的评估盖然率方法必须合适于所进行的检验/检测活动，并且，评估盖然率所使用的特定方法应在报告和记录中进行陈述和记载。Forensic analysis part 3：interpretation：AS 5388.3－2013 [S]. Sydney：Standard Australia, 2013：7.

② 参见《司法鉴定程序通则》（司法部令第 132 号）第三十五条。

③ 参见原《司法鉴定程序通则》（司法部令第 107 号）第三十五条。

的认可准则要求，所有鉴定意见报告必须经过技术审核和行政审核后，方可进行发布，并需要执行必要的鉴定意见报告控制程序。

（一）对物证检验、鉴定意见报告实施技术审核和行政审核

此处所指的技术复核（technical review），不同于前述提及的由鉴定组内的其他鉴定人所进行的独立鉴定或外部专家所进行的鉴定"会诊"。首先，技术复核是对全案的检验/检测记录和鉴定组出具的意见报告实施的审核。其既需要审核第一鉴定人的工作，也要审核鉴定组内其他鉴定人的工作；既审核技术记录，又审核检测报告和相关人员的出庭作证；不得因技术审核而转移鉴定组内相关鉴定人的相应责任。[①] 其次，技术复核的目标是要确保鉴定人的结论是合理的，是处于有效的科学知识的限制范围内的，并且是由检验/检测记录所支撑的。例如，原 ASCLD/LAB－International 认可应用准则要求，鉴定机构所制定的技术复核程序必须界定技术符合的范围、设定审核过程的指标参数、规定技术复核的实施方式，以及描述当发现存在偏离时所应采取的措施等。[②] 同时，该准则也规定，在最低限度上，鉴定机构通过对所有检验记录和检测结果的审核，应当确保：所实施的工作是与合适的技术程序（检测方法）以及相关的实验室政策和程序是一致的，检测报告的准确性以及所支撑结果和/或者结论的数据已包含在报告当中，所作出的相关陈述是合适的，以及检测报告中已包含了所要求的全部信息。[③] 再次，技术复核的实施人员必须经过鉴定机构的管理层明确授权，而且对技术审核人员的授权应当是基于其在被审核领域（一般以大类划分，如文件检验、痕迹检验、微量物证检验等）中所接受过的相关训练和从事具体检案的经历，以及对本机构技术程序的熟悉程度等方面而作出的。技术复核不应由被审核报告的编写人或记录的制作人担任，即其不应是鉴定组内的鉴定人。当然，就实施的频次而言，原则上，由鉴定组内的

---

① ANSI－ASQ NATIONAL ACCREDITATION BOARD. AR 3125，ISO/IEC 17025：2017 Forensic testing and calibration laboratories accreditation requirements［EB/OL］.（2019－04－29）［2022－01－30］. https：//anab. qualtraxcloud. com/ShowDocument. aspx？ID=12371：13.

② AMERICAN SOCIETY OF CRIME LABORATORY DIRECTORS/LABORATORY ACCREDITATION BOARD. ASCLD/LAB － International Supplemental Requirements for the Accreditation of Forensic Science Testing Laboratories (2011 Edition)［EB/OL］.（2011－11－22）［2022－01－30］. https：//anab. qualtraxcloud. com/ShowDocument. aspx?ID=6438：19，at terms 5. 9. 4.

③ AMERICAN SOCIETY OF CRIME LABORATORY DIRECTORS/LABORATORY ACCREDITATION BOARD. ASCLD/LAB － International Supplemental Requirements for the Accreditation of Forensic Science Testing Laboratories (2011 Edition)［EB/OL］.（2011－11－22）［2022－01－30］. https：//anab. qualtraxcloud. com/ShowDocument. aspx?ID=6438：19，at terms 5. 9. 4. 1.

其他鉴定人进行独立鉴定以及技术复核均应当是针对每一个案件的要求；对于后者，包括技术审核和行政审核，如澳大利亚 NATA 法庭科学认可应用准则指出，经过合适的风险评估后可以适当降低对案件记录进行技术审核和行政审核所覆盖案件的百分比，但必须在有关审核程序中予以明确规定。①

对鉴定记录、报告所进行的行政（管理）审核（administrative review），主要内容包括对报告中拼写以及用词、用语的准确性、规范性的审核，对所有管理方面的和技术方面的记录进行审核以确保上述记录已根据实验室政策和/或程序能够进行唯一性识别，以及通过审核检测报告以确保其包含了所有关键的信息。相似地，物证鉴定机构应当明确对检验、鉴定意见报告进行行政审核的人员职责并制定审核程序，包括审核范围、审核的实施方式和实施主体的授权、审核的记录要求以及审核中发现不符合机构政策和程序时所应当采取的措施等。一般而言，对于一些常规的案件或者非疑难、复杂、重大的案件，鉴定机构可考虑将行政审核和技术审核合并为一个过程，但应当保留相应的审核记录。

（二）对物证检验、鉴定意见报告内容可读性的审核和改进

笔者认为，对物证检验、鉴定意见报告内容进行可读性方面的审核，是贯彻有关认可准则精神，有效控制意见报告质量的必要方面。ILAC-G 19 指南文件提出的与鉴定文书可读性相关的要求主要是：第一，尽管法庭科学机构向"客户"出具的报告所要求包含的信息的种类和数量取决于法律体系的相应规定，然而无论何种情形下，法庭科学机构的报告均必须清楚标明报告中哪些地方是背景信息，哪些地方是事实以及哪些地方属于解释或意见。第二，向"客户"提供的结果输出"必须不能造成任何形式的误导"。第三，法庭科学机构出具的报告必须是完整的，并且"必须包括可能由此进行解释所需的信息"。第四，法庭科学机构必须在向客户提供的报告中"清晰指明报告当中所提出的解释和/或结论是基于什么而作出的，包括检验或检测的结果和发现是什么，以及在评估报告之时可以获得哪些信息"等。② 由此可见，可读性不是一个质

<hr/>

① NATIONAL ASSOCIATION OF TESTING AUTHORITIES. Specific accreditation criteria — ISO/IEC 17025 application document—legal (including forensic science) —appendix [EB/OL]. (2019—10—24) [2022—01—30]. https://nata. com. au/files/2021/05/Forensic—Science—ISO—IEC—17025—Appendix—effective—feb—2020. pdf: 13.

② INTERNATIONAL LABORATORY ACCREDITATION COOPERATION. Modules in a forensic science process：ILAC G19：08/2014 [EB/OL]. (2014—08—26) [2020—02—20]. http://ilac. org/?ddownload=805：32, at terms 4. 9.

量管理工作中的"自选项"，而是"必选项"。因此，实践中，人们必须从鉴定意见使用者的角度去考虑鉴定文书的内容与形式问题，并将其纳入检验、鉴定意见报告活动管理工作的范围。

从理论上分析，现代法治文明与司法公正理念均要求司法鉴定运行过程具备公开的特性。这种公开的要求，不但要求程序公开、结果公开，而且要求载明方法及方法的运行，这是物证鉴定应当自觉适应的一个新形势。对于向法庭提交的鉴定意见文书，其"概述"部分主要是阐明接受鉴定委托的合法性依据，鉴定材料的保管、分类、编号方法，与鉴定相关的程序事实以及案件基本信息等；而同时，有必要将具体鉴定所采用的"方法"部分单列，这有利于充分向"读者"阐明其实施鉴定所依据的已为学界普遍认可的鉴定方法论（以及当今后出现方法偏离时，阐明为何会发生这样的偏离）。现今的物证检验、鉴定意见文书虽列举了所采用的技术标准或依据的程序，但这并不等同于已经说明并阐述了所使用的方法，更不意味着"读者"能够有效地理解所采用的方法。在鉴定文书中所描述的分别检验、比较检验以及综合评断过程，其仅为对鉴定所采用方法的运行过程的描述，不能代替鉴定方法论的描述。科学数据应当是与语境密切相关的，并且，十分重要的一点是方法使得整个研究的结果具有意义。①

实践中，可以考虑通过将鉴定中的发现与诠释相互区分并明确标示、将鉴定意见的文字和图片说明相互关联等方式，确保这种区分和关联在报告中得到明确体现。对于前者，主要是通过各种词语，让鉴定意见的使用者理解哪些地方是运用检验/检测所取得的客观发现，哪些地方是鉴定人在矛盾的"主要"和"次要"方面之间"权衡"的结果，并逐步引导使用者从整体上去理解鉴定意见文书，而不是简单地让使用者"只读结论"。对于后者，就文字部分来讲，笔者认为，有三个方面可以加以改进：第一，鉴定人有必要对本报告所使用的基本术语加以明确定义，其定义一般应该参照技术标准和规范，例如法庭科学专业的基本术语、描述物证状态及其特征的学科内的术语等，在合适之时，有必要把鉴定意见文书中所使用的术语单独列出，并加以解释。不能够期望所有鉴定意见文书的读者都是技术专家并能够理解本学科的那些"众所周知"的事情。第二，鉴定文书中与关键发现相关联的部分，可以考虑采用下划线或采用不同字体的方式进行区分，而同时，为保持文字表述的流畅性，可以通过注释

---

① KATZ M J. From research to manuscript［M］. 2nd ed. Berlin：Springer Science，Business Media B. V.，2009：80.

的形式表明可参见哪些图片或表格，这对于涉及客观检验的部分尤为有效。第三，有必要在鉴定文书的结尾附件部分列出必要的参考文献，供鉴定意见使用者参考。而图片部分则应参照各分支学科的良好操作实践准则加以确定和改进。

（三）对物证检验、鉴定意见报告活动的程序控制

从管理的角度看，物证鉴定机构所制定的政策和程序体系必须包含对检验、鉴定意见报告发布的控制政策和程序，使得各类形式的报告发布过程处于受控制状态。控制的程序一般应当描述：负责报告人员的授权和职责；所发布的报告类型、相应格式和内容要求；临时的或初步报告的发布规则；除了书面报告发送方式外，通过口头、电话、邮件和其他电子传输形式进行报告发布的基本规则；报告发布过程的记录要求①；报告及其副本的保留期限；报告的签发；报告的撤销或撤回等。例如，要求仅当侦查或者客户明确要求时，才允许以口头形式发布报告；对通过口头方式或者电子传输方式报告结果的，应当在案件记录中保留相应的摘要或副本；对于电子传输方式，应当规定相应的信息完整性和信息安全防护措施，以避免所传输的信息不完整、被丢失或者被非经授权的更改等。

此外，鉴定人在法庭作证也属于通过口头方式进行结果发布的活动，并且需要回答法庭和有关当事人提出的涉及检验和检测的问题。因而，尽管要对作证活动所涉及的内容进行技术和行政审核是有难度的，但是，鉴定机构仍然应当通过设立有效、可行的管理机制、政策和程序，对这一活动进行控制。

例如，FSR-Codes 指出，在向刑事司法系统报告和陈述相关结果时，机构应当根据不同的结果报告类型进行相应的控制：

（1）对于基于科学方法论而提供事实性证据的人员，应当确保其能够阐述本领域相关的文献；证明其作出结论所依据的原理、技术和假设在科学上是有效的；明确与特定方法相关联的测量不确定度对结论可能带来的影响。

（2）对于基于其实践经验和专业知识而提供专家证据的人员，应当确保其能够解释所采用的方法论和推论过程；阐述本领域和专业中对于所形成意见具有支持或影响的文献；所使用的数据库能在规模和质量方面证实所作推论的充分性；阐明其所采用的方法、假设和论证已经过其他科学工作者的考虑并且已

---

① 例如，通过电话以口头方式报告结果的，应当要求有关人员记录发布结果的日期和时间、所报告的检验/检测结果的内容、对方人员的身份以及本机构负责发布该结果的人员身份等内容。

被认为是可靠的，或者如受到质疑之时，相关方面已经被满意地处理；说明所采用的方法论和论证过程被同行所接受的程度；阐述能够支持其所声称专业的有关支持信息，包括相反方面的信息等。[①]

因而，应当通过制定合适的管理程序和机制，帮助和敦促拟出庭作证的鉴定人围绕其所出具鉴定意见的科学性、有效性、合法性方面进行系统准备，并对其制作的记录（包括出庭计划等）进行审核，可以在一定程度上综合评价该鉴定人的出庭作证活动是否满足了预设的质量管理准则；必要时，还应当通过模拟法庭演练的形式，观察鉴定人的实际表现，辅助其进行评审。

---

① FORENSIC SCIENCE REGULATOR OF UK HOME OFFICE. Codes of practice and conduct for forensic science providers and practitioners in the criminal justice system（FSR－Codes，issue3）［EB/OL］.（2016－02－12）［2022－02－20］. https：//assets. publishing. service. gov. uk/government/uploads/system/uploads/attachment＿data/file/499850/2016＿2＿11＿－＿The＿Codes＿of＿Practice＿and＿Conduct＿－＿Issue＿3. pdf：45－46，at terms 25. 2.

结论和下一步研究展望

法庭科学数据能够引起法律上的后果，因而，必须运用科学管理的理论和方法，并结合法庭科学活动的基本特点，对法庭科学过程实施严格、有效的控制和监督。这是过往多年以来人们对法庭科学应用的一个总体认识，也是符合客观事物运行规律的正确认识。物证鉴定作为法庭科学应用的主要分支领域之一，其质量管理要求、规定十分庞杂。作为理论研究者，既要着重从整体上把握从理念、概念到制度、机制以及方法和技术的转化过程，以期探求贯穿物证鉴定质量管理的共性、规律性问题，又要结合不同分支学科、专业基本特点，进行具体分析、梳理，以期更好指导物证鉴定管理实践。

全书主要围绕 ISO/IEC 17025 标准及其在法庭科学领域应用的有关准则，对物证鉴定质量管理的相关理论和实务问题进行了初步阐述。应当看到，物证鉴定涉及大量需要应用人员专业判断的项目，因此，人员及其质量管理的问题必须引起我们充分的重视。同时，物证鉴定过程为人们开展质量管理提供了基本的应用场域，所有管理措施以及影响鉴定质量的因素都需要通过过程而起作用。可见，过程方法不仅是物证鉴定质量管理中的一个基本方法，也是我们理解物证鉴定质量管理具体制度的重要参照。

关于下一步的研究，笔者认为，可从以下两个方面着手：

一是在原原本本地研究 ISO/IEC 17025 和 ISO/IEC 17020 条款的基础上，深入研究世界各国（地区）与法庭科学、物证鉴定有关的认可应用准则，即实施比较研究，为进一步完善我国物证鉴定质量管理的实施规则提供必要的制度依据。在这里，笔者想特别说明的是，过往的研究主要是围绕英语国家（地区）鉴定管理制度展开的，但是，对于非英语国家（地区），如拉丁美洲国家（地区）、欧洲大陆（如德国、法国、瑞士、荷兰、西班牙、葡萄牙等）、非洲地区（如南非）以及亚洲主要国家（如日本、韩国、新加坡、印度等），我们的研究还不充分，因此有必要深入探索并开展本领域的国别研究。

二是重视物证鉴定质量管理和监控的基础理论研究，积极吸收管理科学、心理学等相关学科的最新研究成果，力求从发生学层面上厘清各方面影响因素的生成和作用机制及其在具体分支专业领域的表现形态，以期在更深层次上揭示鉴定质量管理的规律性认识。这对于确立质量标准和准则是十分关键的。特别地，近10年来，国际法庭科学管理理论研究已逐步转向如何改善法庭科学过程的透明度（transparency）、降低出现差错的概率、深化行业治理方面的学术研究（超越单纯的对策研究）以及构建与外部经济环境条件相适应的法庭科学服务模式等问题的讨论；可以说，微观层面上的"战术决策判断"、中观层面上的"行业战略"以及宏观层面上的"行业身份和开放意识"是比较明显的三条线索。① 因此，研究者要注意时刻跟踪国际法庭科学管理理论研究动向，结合我国司法鉴定/法庭科学行业领域治理体系和治理能力现代化的重大需求，深入思考物证鉴定质量管理的若干基本问题。

---

① MAX M HOUCK，NIAMH NIC DAÉID. 19th INTERPOL International forensic science managers symposium (INTERPOL General Secretariat，Lyon，France 7－10 October 2019)－ review papers［EB/OL］.（2019－10－08） ［2022－01－30］. https：//www. interpol. int/content/download/14458/file/Interpol％20Review％20Papers％202019. pdf；845－855.

主要参考文献

一、中文图书

[1] 杜志淳，沈敏. 司法鉴定机构质量体系文件［M］. 北京：科学出版社，2004.

[2] 沈敏，吴何坚，方建新. 司法鉴定机构质量管理与认证认可指南［M］. 北京：科学出版社，2009.

[3] 杜志淳. 司法鉴定质量监控研究［M］. 北京：法律出版社，2013.

[4] 中国合格评定国家认可委员会. 司法鉴定/法庭科学机构认可评审员培训教程（试行）［M］. 北京：中国质检出版社，2015.

[5] 牟峻，唐丹舟. 司法鉴定法庭科学机构认可不符合项案例分析［M］. 北京：中国质检出版社，2015.

[6] 国家认证认可监督管理委员会，司法部司法鉴定管理局. 司法鉴定机构资质认定工作指南［M］. 北京：中国计量出版社，2009.

二、中文期刊

[1] 沈敏，杜志淳. 论司法鉴定机构质量管理体系的建立和运行［J］. 中国司法鉴定. 2004（4）：20−21.

[2] 王彦斌，鹿阳，高俊薇，等. CNAS−CL 08《司法鉴定/法庭科学机构能力认可准则》2018 版与 2013 版差异解析［J］. 中国司法鉴定，2019（3）：77−84.

[3] 江胜超. 运行过程视野下司法鉴定质量问题解析［J］. 中国司法鉴定，2020（4）：68−75.

[4] 方建新，史格非. 司法鉴定机构质量控制和质量监督［J］. 中国司法鉴定，2010（6）：56−61.

［5］贾治辉. 现场物证与技术系统的构建及价值研究［J］. 警察技术，2004（1）：33－34＋45.

三、中文标准

［1］全国质量管理和质量保证标准化技术委员会. 质量管理体系 基础和术语：GB/T 19000—2008/ISO 9000：2005［S］. 北京：中国标准出版社，2008.
［2］全国质量管理和质量保证标准化技术委员会. 质量管理体系 基础和术语：GB/T 19000—2016/ISO 9000：2015［S］. 北京：中国标准出版社，2017.

四、外文图书

［1］SUZANNE BELL. Measurement uncertainty in forensic science—a practical guide［M］. Boca Raton：CRC Press，2017.
［2］ASHRAF MOZAYANI，CARLA NOZIGLIA. The forensic laboratory handbook procedures and practice［M］. 2nd ed. New York：Humana Press，Springer，2010.
［3］KEITH HADLEY，MICHAEL J. FEREDAY. Ensuring competent performance in forensic practice－recovery，analysis，interpretation，and reporting［M］. Boca Raton：CRC Press，2008.
［4］DONNELL R CHRISTIAN，STEPHANIE DRILLING J R，Implementing quality in laboratory policies and process［M］. Boca Raton：CRC Press，2010.
［5］TED VOSK，ASHLEY F EMERY. Forensic metrology—scientific measurement and inference for lawyers，judges，and criminalists［M］. Boca Raton：CRC Press，2015.
［6］SEAN DOYLE. Quality management in forensic science［M］. London：Academic Press，2019.

五、外文期刊

[1] JAMES ROBERTSON，KARL KENT，LINZI WILSON－WILDE. The development of a core forensic standards framework for Australia [J]. Forensic science policy and management：an international journal，2013 (3－4)：59－67.

[2] CHI－KEUNG LI，YIU－CHUNG WONG. Implementation of quality assurance system to enhance reliability in Chinese handwriting examination [J]. Accreditation and quality assurance , 2014 (19)：159－167.

[3] JAMES ROBERTSON，HERMANN METZ，NATHAN SCUDDER，et al. A quality system review：Australian federal police forensic and data centres [J]. Forensic science policy and management，2010 (1)：209－213.

六、外文标准

[1] General requirements for the competence of testing and calibration laboratories (en)：ISO/IEC 17025：2005 [S]. Geneva：International Organization for Standardization，International Electrotechnical Commission，2005.

[2] Conformity assessment－Requirements for the operation of various types of bodies performing inspection (en)：ISO/IEC 17020：2012 [S]. Geneva：International Organization for Standardization，International Electrotechnical Commission，2012.

[3] Uncertainty of measurement － Part 3：Guide to the expression of uncertainty in measurement (en)：ISO/IEC Guide 98－3 [S]. Geneva：International Organization for Standardization，International Electrotechnical Commission，2008.

[4] Forensic analysis part 1：Recognition recording recovery transport and storage of material：AS 5388.1－2012 [S]. Sydney：Standard Australia，2012.

[5] Forensic analysis part 2：Analysis and examination of material：AS 5388.2－2012 [S]. Sydney：Standard Australia，2012.

[6] Forensic analysis part 3: Interpretation: AS 5388. 3－2013 [S]. Sydney: Standard Australia, 2013.

[7] Forensic analysis part 4: Reporting: AS 5388. 4 － 2013 [S]. Sydney: Standard Australia, 2013.

附　　录

附录 1　新版 ISO/IEC 17025 标准背景下提升司法鉴定机构质量管理实践水平的思考*

摘　要：本文讨论了新版 ISO/IEC 17025 标准对司法鉴定机构质量管理提出的六个新要求，分析了提升我国司法鉴定机构质量管理实践水平的基本对策。

关键词：司法鉴定　质量管理　ISO/IEC 17025　管理对策

一、引言

ISO/IEC 17025 标准《检测和校准实验室能力的通用要求》（以下简称 17025 标准）是全球司法鉴定机构建立和运作质量体系的通行依据和准则之一。新版 17025 标准已经于 2017 年 11 月颁布，对 2005 年版标准作了较大幅度的改动，包括体例改变、新概念引入等。可以预见，在不久以后，以旧版 17025 标准为基础的司法鉴定机构质量管理准则，如我国合格评定国家认可机构（CNAS）颁布的司法鉴定机构能力认可基本准则等，都需要作相应调整和升级，同时，各类司法鉴定机构质量管理体系文件也需要进行换版并接受相应的认可评审。因此，本文以新版 17025 标准颁布为背景，初步梳理和讨论新版 17025 标准对司法鉴定机构质量管理提出的新要求，并分析提升司法鉴定机构质量管理实践水平的对策思考，以期引起同行的关注。

＊ 本文发表于《质量与认证》2018 年第 3 期，有删节。

二、新版 17025 标准为司法鉴定机构质量管理确立的新要求

新版 17025 标准从通用要求、结构要求、资源要求、过程要求和管理体系要求五个维度为司法鉴定机构质量管理实践提出了 6 个要求。

1. 应更加重视司法鉴定机构的公正性和保密性

公正性和保密性是对各类司法鉴定机构的通用要求。首先，公正，即"客观性的体现"，是司法鉴定本质属性之一。司法鉴定机构开展的检验、鉴定活动必须公正地实施（条款 4.1.1），机构管理层应致力于实现公正性（条款 4.1.2），并能证明其如何消除或降低被识别出的影响公正性的风险（条款 4.1.5）。这说明，在维护鉴定机构和各类鉴定业务的公正性方面，机构管理层负有首要责任。其次，在保密性方面，新版 17025 标准考虑了公开与保守各类秘密信息（如个人隐私、工作秘密、商业秘密、国家秘密）之间的动态关系，细化了不同情况下的保密要求。例如明确任何人员包括各种委员会成员、承包商、外部组织的员工或者是代表实验室的人员，除了法律另有规定外，均必须对实施实验室活动过程中获得的或生成的所有信息进行保密（条款 4.2.4）。

2. 应有专门人员承担起更为全面的管理体系监察职责

2005 年版 17025 标准（条款 4.1.5）明确，实验室应指定一名员工作为质量主管并具有在任何时候都能确保与质量有关的管理体系得到实施和遵循的责任和权力。新版标准取消了"质量主管"的人员岗位称谓，取而代之的是要求实验室应有人员具备履行下列职责的授权和资源，即"实施、维持和改进管理体系""识别所实施的实验室活动与管理体系或程序存在的任何偏离""采取措施以防止或减低这些偏离""向实验室管理层报告管理体系的绩效和任何需要的改进""确保实验室活动的有效性"（条款 5.6）。笔者认为，这是从组织架构层面上要求鉴定机构将质量管理工作和其他工作如风险管理、职业健康和安全（OH&S）等加以整合，由负有更为全面管理职责的人员承担相应的效能监察/监督管理任务。

3. 应更强调综合统筹资源以支撑鉴定活动实施和管理体系运作

司法鉴定机构质量管理体系建立和运作离不开资源。司法鉴定机构应充分考虑到"内部资源的局限性和外部资源利用的可能性"，要在识别出资源需求

的基础上，针对能力或资源的限制作出决策，获取资源来保证质量管理体系的正常运行，保证检验鉴定活动的实施。例如，新版 17025 标准首先原则性地规定，实验室应具有管理并实施实验室活动所需的人员、设施、设备、系统和支持服务（条款 6.1）。在人员方面，其明确了相应管理程序和记录要覆盖人员招录、培训、授权和后续能力监控（条款 6.2.5），还特别强调应授权人员实施方法的制定、修订、验证和确认（条款 6.2.6）。在设施、设备、测量的溯源性以及外部提供产品和服务方面，新标准也细化了相应要求，体现了对内外资源进行综合统筹的要求导向。

4. 应更注重从过程角度严密对司法鉴定实践各项活动的管理

新版 17025 标准在文本体例、结构上采用了高型结构编排方式，并将过程方法作为整部标准的基础架构，因此，司法鉴定机构在运作质量管理体系时应更加注意从过程角度理解鉴定实践的各项活动，以期形成管理和技术相互支撑的严密体系。例如，在 2005 年版 17025 标准中，"要求、标书和合同的评审"是作为管理要求中的一款；新版标准则将其置于"过程要求"的首部，也就是说，从过程角度看，鉴定机构有必要更为重视鉴定委托要求的评审工作，从管理和技术方面把好入口关。又如，鉴定机构"在引入方法前"应"证实其能够合适地实施该方法以保证能达到所要求的表现"，而且"当发布组织修订了方法时，应重复进行验证以达到所要求的程度"（条款 7.2.1.5），这体现了对所选择方法要进行严密管理，以保证鉴定结果的有效性。

5. 应当注重对鉴定实施和管理过程的数据控制和信息管理

新版 17025 标准在 2005 年版本条款 5.4.7 "数据控制"内容的基础上大幅度增加了信息管理方面的内容，以适应当前实验室广泛采用计算机系统形成电子记录信息，生成各类型数字化结果和报告的现实。司法鉴定机构有必要充分考虑基于计算机系统应用的数据安全和控制问题，并制定相应政策和程序。例如，机构所使用的信息管理系统应当：受到保护以防止非授权的访问，具备防止篡改和数据丢失的防护机制，在符合供应商或实验室规定的环境条件下运行，以能够确保数据和信息完整性的方式进行维护，能够记录系统错误以及采取合适的反应和纠正措施等（条款 7.11.3）。

6. 应确立基于风险的思维并引入和整合风险管理相关要求

除了增加信息管理方面的内容外，新版 17025 标准的另一个重要变化是取消了旧版标准中的"预防措施"，正式引入基于风险思维（risk－based thinking）的概念和原则规定，并作为管理体系要求方式的具体要求。司法鉴定机构要充分考虑到与检验、鉴定活动相关联的风险和机遇，以"确保其管理体系能够实现预期结果"，同时，在应对风险过程中"增强机遇以实现自身的宗旨和目标"，并预防或减少检验、鉴定活动中的"非预期影响和潜在的错误"，"实现改进"（条款8.5.1）。新版标准的资源和过程运行要求的相关条款，实际上已经不同程度地蕴含了基于风险的思维的要求，这需要鉴定机构加以注意。另外，司法鉴定机构应策划"应对风险和机遇的措施"，策划如何"在其管理体系中整合并实施这些措施"并进行评估（条款8.5.2）。例如，新标准提出，发生不符合工作后，在评审纠正措施的有效性时，鉴定机构管理层应当在需要的情况下"更新在策划期间确定的风险和机遇"（条款8.7.1）。

三、提升司法鉴定机构质量管理实践水平的对策思考

在新版17025标准背景下，司法鉴定机构在近期应按照"鉴定质量管理一般要求与本机构实际情况"相结合的基本思路，既着力做好顶层设计，又注重各层次、方面的综合协调。笔者认为，有以下三条基本对策。

1. 司法鉴定机构管理层宜主动识别发展面临的风险和机遇，把握总体方向

司法鉴定机构组织性质、管理水平、技术能力是保证鉴定结果合法、公正、客观以及证明效力的充分要素。如何才能提升鉴定质量管理实践水平层次，主动适应全面依法治国的需求，是当前我国司法鉴定质量管理领域面临的重大问题。从本质上看，司法鉴定机构采用质量管理体系是本组织的一项战略决策，而不单纯是为满足法律强制性要求而为之的"权宜之策"，其根本目的在于实现持续成功。新版17025标准为司法鉴定机构质量管理带来了许多具体的新要求，技术性强，涉及面广。因此，建议鉴定机构管理层特别是最高管理者（团队）应在全面建成小康社会的新时代宏大叙事框架的指引下，以识别当前本机构面临的风险和机遇为基础，从分析发展战略、质量方针和质量管理目标之间的一致性入手，着重找差距和检讨不足，为本机构质量管理水平提升系统工程建设举旗定向。例如，综合型司法鉴定机构可能要为积极对接国家宏观改革和发展（如"一带一路"倡议等）对司法鉴定的现实需求做出转变；行业所属司法鉴定机构可能要为本行业发展战略（如高等院校建设一流大学、一流

学科等）的实现谋求转型，面向社会服务的其他司法鉴定机构可能要为满足司法实践对前沿科技的新需求（如电子签名笔迹鉴定、智能数字化设备取证等）积极进行探索。

2. 司法鉴定机构质量管理部门宜积极转型，扮演更积极角色

如上文所述，新版 17025 标准在组织架构方面取消了"质量主管"的人员岗位称谓，这实际上是吸收了 2015 版 ISO 9001 标准中去掉"管理者代表"的做法，即是否设置这方面的人员岗位由最高管理者决定。这就要求各实验室从系统的角度出发，正确配置人力和管理资源。因此，从长期角度看，司法鉴定机构质量管理部门宜积极谋求转型，为下一步将机构质量管理体系、风险管理体系、职业健康和安全管理体系等多体系整合为一个管理体系做好充分准备，并且，要为深入发挥其管理体系监察职责进行探索。而近期，宜以机构质量管理体系文件换版和迎接相应认可评审为抓手，参照新标准要求策划本年度的内部审核，为管理评审顺利开展作专门准备；与机构研究部门和各鉴定业务科室合作，在认真学习新标准的基础上，注重对国际实验室认可合作组织指南文件《法庭科学过程中的模块》（ILAC–G 19：2014）以及英国（UKAS 和 FSR）、美国（ANAB 和 A2LA）、澳大利亚（NATA）、加拿大（SCC）等国家司法鉴定质量管理准则进行专题的比较研究，深入探索如何适应新版 17025 标准的要求，促进本机构鉴定质量管理实践水平提升。当然，对鉴定质量管理体系在鉴定机构各场所以及各专业领域的适用和监察，特别是对不符合工作的监控，是质量管理部门的常规工作，应当积极参照新标准要求进行。

3. 司法鉴定机构各业务科室宜以人为中心，以过程为基础统合技术和管理

司法鉴定机构各项检验、鉴定活动是质量管理实践的第一阵地，也是影响鉴定质量各因素发生作用的基本场域。司法鉴定质量管理实践出现"两层皮"现象的原因，除了主观认识层次有待提升以及具体技术方法进路有待改进外，还与缺乏对人的关注密不可分。司法鉴定机构质量管理实践水平的提升，除了强调贯彻领导作用基本原则外，还需要落实全员积极参与。整个组织内各级胜任、经授权并参与的人员，是提高组织创造力和提供价值能力的必要条件。因此，在新版 17025 标准的框架下，司法鉴定机构各业务科室作为本机构的基层组织和实践部门，宜深入思考鉴定质量管理框架下"以人为中心"命题的内涵，在鉴定质量管理实践中积极探索以提升和促进鉴定人职业胜任能

力（profession competence）为中心的鉴定能力监控和保障体系；以各项鉴定
业务的过程为基础，按照基于风险思维的原则和要求，研究统合鉴定技术应用
和鉴定质量管理实践的具体方法，以促进本机构质量管理体系整体水平的
提升。

四、结语

新版 17025 标准为司法鉴定领域质量管理实践提出了许多新的要求，其影
响十分深远，本文仅就其中的一些问题进行了粗浅分析。笔者认为，下一阶
段，司法鉴定领域同行需要广泛、深入探讨的问题包括：针对新版 17025 标准
提出基于风险的思维的概念和相关条款要求，探索建立整合质量体系和风险管
理体系的基本途径和方法体系；如何应对信息技术全面运用于鉴定实践的现
状，提出合适的质量管理措施和手段等。同时，我们还需要结合全面依法治国
的内在需求，从宏观层面上概括出带有中国风格、中国气派的司法鉴定质量管
理理论框架，这有助于在积极参与司法鉴定领域质量管理合作和竞争中，不断
提升我国的话语权和地位，为构建人类命运共同体作出贡献。

参考文献

[1] ISO/IEC 17025：2017 General requirements for the competence of testing and calibration laboratories（en）［S］. Geneva：International Organization for Standardization, International Electrotechnical Commission，2017：3.

[2] 中国质量协会. GB/T 19001—2016 质量管理体系标准实用教程［M］. 北京：中国质检出版社，2017：75.

[3] 沈敏，杜志淳. 论司法鉴定机构质量管理体系的建立和运行［J］. 中国司法鉴定，2004（4）：20-21.

附录 2   ANAB 司法鉴定/法庭科学检验机构
应用准则概述[*]

摘　要：本文介绍了 ANAB 新版国际（非美国本土）法庭科学检验机构认可应用准则的重点条款内容，以期为我国司法鉴定/法庭科学机构质量管理提供参考。

关键词：ANAB　法庭科学　检验机构认可　认可流程　认可应用准则

美国合格评定认可机构"国家标准协会－美国质量协会国家认可委员会"（ANAB）是该国司法鉴定/法庭科学认可项目的主要提供者。自 2017 年 6 月 1 日起，ANAB 新版国际法庭科学检验机构/检测实验室认可应用准则和认可项目正式实施。本文介绍了 ANAB ISO/IEC 17020：2012 国际认可应用准则（以下简称 AR 3037 文件）的重点条款内容，以期为我国司法鉴定/法庭科学机构质量管理提供参考。

一、认可评审所对照的应用准则重点条款

ANAB 认可指南文件《ISO/IEC 17020：2012 国际认可项目评审活动强制要求（PR 3082)》列举了 ANAB 开展各类型评审活动时所重点对照的认可应用准则条款（见附表），法庭科学检验机构（以下简称机构）在接受评审时应提供符合性核查清单和客观证据。[1]

附表　认可评审所对照的应用准则重点条款

认可应用准则（AR 3037 文件）条款号	评审方式			
	现场监督	非现场监督	扩项	设施评估
5.2.3.1	×	×	×	×
5.2.7.1 & 5.2.7.2	\	\	×	×
6.1.1.1~6.2.1.6	×	×	×	×
6.1.9.1	×	\	\	\

---

* 本文发表于《质量与认证》2017 年第 11 期，有删节。

认可应用准则（AR 3037 文件）条款号	评审方式			
	现场监督	非现场监督	扩项	设施评估
6.1.10.1	×	×	\	\
6.2.2.1	\	\	×	×
6.2.2.1.1~6.2.2.1.2	\	\	×	×
6.2.3.1~6.2.3.3	\	\	×	×
6.2.4.1	\	\	\	×
6.2.7.1	\	\	×	\
6.2.12.1	\	\	\	×
6.2.15.5	×	\	×	\
7.1.1.1	×	\	×	\
7.1.2.1 & 7.1.2.2	×	\	×	×
7.1.2.3	\	\	\	\
7.1.8.1	×	\	\	\
7.2.1.1	×	\	\	\
7.3.1.1	×	\	×	\
7.3.1.6	×	\	\	\
7.4.1.2	×	×	\	\
8.5.2.1	×	×	\	\
8.6.4.1	×	×	\	\
8.7.4.1	×	×	\	\

注：（1）在表格中，AR 3037 文件的条款 5.2.3.1 就是对 ISO/IEC 17020：2012 标准条款 5.2.3 的解释或补充要求，下同。（2）在表格中，"×"表示 ANAB 评审团队实施评审时需要重点对照的条款；"\"表示 ANAB 虽未在 PR 3082 文件中明确，但也可能根据实际情况进行评审。

二、认可评审应用准则重点条款内容简析

1. 结构要求方面的重点条款内容

机构应维持一份有效的组织架构图以清晰表明人员职权界限。工作岗位描

述必须详细载明岗位的工作任务、职责和授权，而且其记录应当是易于查阅的。应任命一名员工作为健康和安全经理（不论其称谓如何）负责管理机构的健康和安全事务。[2]

2. 资源要求方面的重点条款内容

（1）人员能力及其维持。

第一，机构应有充足的覆盖其常规业务范围的专业能力的固定员工，保留成功完成能力验证计划的记录以证明人员能力。AR 3037 文件对"成功完成"的界定是：参加能力验证计划或检验机构间比对的结果是与期望获得的结果相一致的，或者在获得不一致结果时，检验机构能够解释这种不一致或者采取了与不一致的严重性相适应的纠正措施；人员获得由有关组织颁发的专业认证，可视为其满足培训要求的证据。第二，检验员应具备运用技术的相关知识，即理解犯罪活动实施所依赖的技术，以及理解调查犯罪所使用的技术。第三，对于影响犯罪现场勘查和/或者法庭科学检验活动结果的人员，机构应有其培训、发展以及能力评估的最新版本的记录，包括学术和专业资格、所参加的外部/内部课程、培训和再培训。第四，机构应制定人员行为守则。人员行为守则包括：①职业道德要求；②保密性和公正性要求；③安全要求；④机构各成员之间的关系；⑤有助于确保本机构工作人员行为规范的其他内容。[2]5-6

此外，在人员能力维持方面，机构应有培训和专业技能水平维持的政策、程序，其包括发展中的技术更新、检验方法以及专家证人作证的内容；每年应进行一次人员培训的需求识别，其结果或者是形成人员深入培训的文件化计划，或者是做出该名人员目前无深入培训需求的陈述。机构应有及时更新的培训项目并制定评价准则。在一个认可周期内，机构必须对各名犯罪现场勘查人员和/或法证检验人员进行至少一次观察或见证。如机构只有一名技术上具备能力的人员时，应安排外部观察/见证，除非已有充分支持证据表明该人员能力是持续胜任的。[2]6

（2）人员参加能力验证/检验机构间比对。

机构要求每个实施检验活动的场所参加能力验证计划/检验机构间比对，包括其卫星站点，除非不可行或不合理。实施要求主要包括：①外部能力验证计划应由获得 ISO/IEC 17043 颁发的认可或由已签署 ILAC、APLAC 校准或检测领域 MRA 的认可机构（颁发相关认可）的提供者组织实施。②在一个自然年内所有检验人员均必须至少成功完成一次其所实施的每一个检验领域的内部或外部的能力验证计划；③每间隔 4 年，机构所参加的能力验证计划必须覆盖其认可范围内列出的每一个检验领域中的每一类检验活动或检验类型的代表性样品；④如可能时，必须满足认可范围内有关专业的能力验证计划参加频次要求。获认可机构应向 ANAB 提交完成能力验证计划或检验机构间比对活动的"四年计划"，覆盖现有认可周期以及各项评审活动。[3]5-6

（3）设施和设备。

第一，在场所区域控制方面，机构应对其操作区域进行访问控制和限制，访客对该区域的访问不得为"无限制区域访问"，并应保留所有访问机构操作区域的访客记录。[2]7

第二，在设施和设备管理方面，机构不得允许未经授权人员使用设施和设备；如发现设备曾经脱离过其直接控制，则应在这些设备返回并投入使用前采取相应措施以确认其具备持续适用性；当使用不在本机构直接控制下的设备时，应在将其投入检验活动前验证该设备是否完全满足 17020 标准的所有要求，并保留验证记录。[2]8

第三，在设备校准方面，如设备校准是在机构内实施的，应通过使用本机构的有证测量参考标准，或通过与测量参考标准进行比对，以保证校准能溯源至国家标准；参考标准的证书或同等值必须包含适应于经参考标准校准的设备的测量不确定度。[2]8

第四，在证据存储区域管理方面，机构应保证其具备防盗或干扰的安全性，并且限制和控制访问；存储条件应能防止证据遗失、变质或受到污染，同时，能保持证据完整性和可识别性。[2]9

第五，在标准物质和试剂管理方面，机构应维持一份关键试剂名录清单并保证将其运用于证物之前已经过合适的控制，确认每一种关键试剂的正确功能；应为标准物质和试剂加贴合适标签，标明品名、浓度、制备日期或失效日期、存储条件以及有害警示等内容。[2]9-10

3. 过程要求方面的重点条款内容

（1）检验方法和程序。

机构应采用经过国家或国际组织确认的，或由权威机构如美国测试和材料协会（ASTM）或相关国家机构公布的方法或程序；应对上述方法或程序进行性能核查，以证实能满足方法或程序规定的性能要求并符合预期用途目的。应按照书面程序对检验方法进行确认、验证和性能检测，并保留方法或程序符合预期用途目的的记录；所有法证调查和检验活动均应被充分文件化，并包括质量控制程序、对结果进行诠释和报告的指引。特别地，机构应有政策和程序描述所采集或提交证物的收集、包装、运输、处理和销毁，为防止证物丢失、受污染、发生交叉污染以及有害变化而需要采取的相应措施。[2]10-11

（2）被检验证物和样品的管理。

为满足法律对于证据监管的要求，机构应从接收到证物/证据时开始维持其监管记录链条，以清楚标记证物的经手人或标明证据的存放场所记录；应能清楚理解常规勘查和检验过程中发生偏离的意义。同时，机构必须有文件化程序规定在检验过程中待检验证物处于无人看管状态时所采取的安全防护措施。[2]11

（3）检验记录。

机构应有文件化程序确保为案件建立并维持稳定的记录体系；检验过程中制作的记录，包括与客户交流、证据交接清单、证据包装和封装描述信息等，应可追溯至每项活动采用的对勘查/检验结果有显著影响的特定设备。总体上，记录应能对所形成的结论形成支持，并且当经办勘查/检验员不在场时，另一名同样具备能力的人员将能同样地根据记录对已经实施的检验活动和所获信息进行诠释。[2]11-12

此外，根据法庭科学检验活动特点，在记录要求和管理方面，AR 3037 文件要求案件档案记录应覆盖检验和观察的所有结果，包括可视化证据和发现，以及根据这些结果所能获得的结论。在报告签发前应由第二名具有能力的检验员实施验证；如其在验证程序中对检验结果或所实施的观察进行否决，则必须记录否决原因；必须有程序处理验证人员不同意原检验员结论的情况，并记录对不同结论的决议；对案件报告实施"技术复核"的人员必须获得从事检验活动的授权，并且应具备相应知识以保证其所审核的结论以及支持数据是合理且在科学上可被接受。AR 3037 文件将"技术复核"界定为：对案件记录所进行的评估以确保所获科学结论具备合适基础。[2]12-13

（4）检验报告。

只能由已获授权人员签发或批准案件报告。在格式上，案件报告的格式应遵从 ILAC-G 19 的有关规定。结合不同地区法律要求，可考虑采取在报告中包含 17020 标准所要求的全部信息，或制作报告附录以涵盖 17020 标准所要求的额外要求，或者在案件记录中包含 17020 标准所要求的全部信息。[2]13

4. 管理体系要求的重点条款内容

（1）管理体系方式的选择。

如机构声明遵守方式 B 的规定，则需要表明其管理体系符合 ISO 9001 标准并且持续满足 ISO/IEC 17020 要求；ANAB 将对机构所作声明进行验证，但不会依据 ISO 9001 进行评审或审核，验证范围取决于机构所提供的证据；当验证结果识别出不符合，则评审报告中会将其表述为"不符合条款 8.1.3 要求"。[2]14

（2）管理评审的输入。

除了应遵守 17020 标准的基本要求外，针对法庭科学活动的特点，机构管理评审还应包括如下输入：所识别出的公正性风险；现有人员、设备资源充分性；预期工作量；对新进和已有人员的培训需求；已建立的人员能力保证体系的有效性，以及检验中出现结论不一致的解决方案、采取的合适预防措施和纠正措施的所有记录等。[2]14

（3）内部审核的实施。

内部审核应由质量经理策划和组织，至少每个自然年度实施一次；内审的范围、日期以及详细方案的策划和实施，应依据已被文件化的程序进行；内审过程中，对机构实施程序进行的评估应包括对在现场上或实验室内进行的检验和检测的直接观察。[2]14

（4）纠正措施和预防措施。

机构应有政策和程序，以在识别出不符合工作后指派合适人员实施相应纠正措施。这些政策和程序应能够确保：对不符合工作进行管理的相应权责已被界定和正确执行，对不符合工作的影响进行评估，立即实施纠正并对不符合工作中的可接受性进行判定，必要时通知客户，以及授权重新实施有关工作的责任已被界定。[2]15

三、小结

我国司法鉴定/法庭科学认可制度建设和发展应本着"以我为主、兼收并蓄、突出特色"的原则，积极吸收国外有益经验。ANAB 法庭科学检验机构认可应用准则在申请机构参与、技术领域同行力量主导、贯彻国际标准之间取得了一定平衡；其较好地将 17020 标准与法庭科学活动特点有机结合，在人员能力监控、设施和设备管理、方法和过程控制方面有较为明确的、可操作性强的规定，应当对其进行深入研究。

参考文献

[1] ANAB. Minimum Requirements for Assessment Activities ANAB AR 3037 International

Inspection Bodies Accreditation Program（AR3037）.［EB/OL］.（2017－06－01）［2017－07－30］. https：//anab. qualtraxcloud. com/ShowDocument. aspx？ID＝9592.

［2］ ANAB. ISO/IEC 17020：2012 International（Non－USA）Forensic Inspection Bodies Accreditation Requirements（AR 3037）［EB/OL］.（2017－06－01）［2017－07－30］. https：//anab. qualtraxcloud. com/showdocument. aspx?ID＝9400.

［3］ ANAB. Guidance on ISO/IEC 17020 Accreditation for Forensic Inspection Agencies（GD3002）.［EB/OL］.（2017－07－01）［2017－07－30］. https：//anab. qualtraxcloud. com/ShowDocument. aspx？ID＝1204.

后　记

　　司法鉴定质量管理和质量建设理论是司法鉴定理论体系的重要组成部分。司法鉴定质量管理相关课程模块也是司法鉴定高层次人才课程体系中的一个重要组成部分。本书是近年来笔者在司法鉴定质量建设方向上开展探索性研究所形成的阶段性成果，正是由于其探索性质，书中难免存在错误之处。因此，作者期待广大读者的反馈和批评指正（电子邮箱：guanyingxiong@ecupl.edu.cn），以便在将来的教学和深入研究中加以修正和完善。

　　感谢全国首批司法鉴定专家库成员（决策咨询类分库——政策研究）、上海市司法鉴定协会副会长、华东政法大学司法鉴定学科首席专家及博士生导师杜志淳教授，全国首批司法鉴定专家库成员（决策咨询类分库——行业监管）、西南政法大学刑事侦查学院贾治辉教授审读本书初稿并提出修改意见。

关颖雄

2020 年 9 月于上海市松江区龙源路 555 号尚杰楼

2022 年 5 月修改于拉萨市城关区宇拓路 6 号 3 号楼